Dr. Detlef Pape | Anna Cavelius | Angelika Ilies

SCHLANK

IM SCHLAF
VEGETARISCH

Mittagessen –

Frisch, bunt und einfach lecker 46

Leckeres ganz ohne Fleisch und Fisch:
Sandwich-Variationen oder wärmende
Suppen, wie etwa die Möhrensuppe
mit Kräuterklößchen, sorgen für neue
Energie. Aber auch leckere Salate,
etwa ein Tortellini-Salat, oder deftige
Mahlzeiten wie die bunte Bohnen-
Paprika-Pfanne machen Sie fit für
den Tag.

Abendessen –

Zeit zum Genießen 82

Jetzt ist Fettabbau angesagt,
trotzdem darf geschlemmt werden.
Lassen Sie sich Kräutertörtchen mit
Tomaten oder einen kreolischen
Pfannkuchen schmecken. Oder
mögen Sie lieber eine kalte Brotzeit
mit dem neuen Eiweiß-Abendbrot?

Zum Nachschlagen

Schlank im Schlaf

... vegetarisch

Fleischlos glücklich
und schön schlank

Wenig Gemüse und viel Fleisch – insgesamt also eine kalorienreiche Ernährung, die reich an tierischen Fetten ist, gilt als Ursache zahlreicher Wohlstandskrankheiten wie Typ-2-Diabetes, Arteriosklerose oder Gicht. Und es gibt noch mehr gute Gründe, heutzutage ganz auf Fleisch zu verzichten: BSE in Rindfleisch, Nitrofen in Geflügel, Antibiotika in Lachs & Co., dazu Schreckensszenarien aus Tierhaltungsfabriken – wer angesichts von sich häufenden Lebensmittelskandalen und Einblicken in die industrielle Massentierhaltung den Appetit auf Steak und Fischfilet verliert, befindet sich in guter Gesellschaft.

Besser leben ohne Fleisch

Derzeit leben in Deutschland rund sechs Millionen Vegetarier – mit steigender Tendenz, insbesondere seit der Veröffentlichung des Bestsellers des amerikanischen Autors Jonathan Safran Foer »Tiere essen«. Die Nachteile von Fleischkonsum aus Massentierhaltung sind erheblich – nicht nur für den Einzelnen: So wird die grüne Lunge der Erde, der Regenwald, jährlich um mehrere Zehntausende Quadratkilometer gerodet, um Platz für Rinderherden und zur Futtermittelproduktion zu bekommen. Und nicht zuletzt ist die Massentierhaltung einfach nicht tiergerecht, oftmals sogar tierquälerisch. Was die andere tierische Lieblingseiweißquelle des Menschen anbelangt, den Fisch, sieht es ebenfalls düster aus: Die Umweltorganisation Greenpeace hat ausgerechnet, dass die Ozeane dieser Welt im Jahr 2048 leer sein werden, wenn die Menschen so weiterfischen.

Für viele Menschen ist es aus den genannten Gründen daher mittlerweile eine Frage der Moral, sich für eine Ernährungsweise ohne Fleisch zu entscheiden.

Laut einer Untersuchung des Vegetarierbundes leben Vegetarier außerdem länger und gesünder. Das hat verschiedene Gründe: Vegetarier sind oft schlanker, haben seltener Probleme mit Bluthochdruck und Infarktgefahr in Folge ihres niedrigeren Körpergewichts und reichlich herzschützendem Kalium aus pflanzlichen Lebensmitteln. Sie leiden seltener an Darmerkrankungen, da Gemüse und Getreide viele Ballaststoffe liefern, die für eine gesunde Darmflora sorgen. Da pflanzliche Kost überdies kein Cholesterin enthält, sind die Blutfettwerte bei Vegetariern oft besser als bei Gemischtessern. Zudem nehmen Vegetarier mit frischem Gemüse und Obst oft viele gesunde sekundäre Pflanzenstoffe zu sich.

Abnehmen leicht gemacht

Das, was wir essen, so wissen Ernährungsexperten und Psychologen, hängt ebenso wie die Zahl auf der Waage eng mit Lebensqualität zusammen. Verknüpft man die beiden Aspekte »gute Figur« und »gesunde Lebensmittel«, dann wird das leichte Leben schneller Wirklichkeit als vielleicht gedacht. Dieses vegetarische Kochbuch ist darum die perfekte Ergänzung zur bereits bestehenden Schlank-im-Schlaf-Reihe (siehe Seite 141).

Auf den nächsten Seiten erfahren Sie, wie Sie sich ohne Fleisch und Fisch naturgerecht er-

nähren, Ihren Stoffwechsel ins Gleichgewicht bringen, um gesund und in jeder Hinsicht nachhaltig abzunehmen.

Durch eine vegetarische Ernährung nach dem bewährten Schlank-im-Schlaf-Prinzip versetzen Sie Ihren Körper in die Lage, sämtliche für den Stoffwechsel wichtigen Hormone und Enzyme in ausreichender Menge selbst zu produzieren. Das erreichen Sie, indem Sie Ihre Mahlzeiten in einem stoffwechselgerechten Rhythmus verzehren und zum anderen durch die jeweils richtige Kombination der Nährstoffe: hochwertiges Eiweiß, pflanzliche Ballaststoffe, gesunde Fettsäuren, Vitamine und Mineralstoffe – alles perfekt abgestimmt auf den Bedarf von Vegetariern.

So halten Sie Ihren Insulin-Spiegel in Balance – das ist bei »Schlank im Schlaf« der Clou, denn dies sorgt zudem für eine gesteigerte Fettverbrennung, während Sie schlafen!

INFO

Zum Begriff »Vegetarier«

Das lateinische Wort für »wachsen« oder »leben« – vegetare – steckt in dem Begriff Vegetarismus. Neben Gemüse, Salat und Früchten verzehren Vegetarier ausschließlich solche tierischen Lebensmittel, die von lebenden Tieren stammen, also Milchprodukte oder Eier. Im Gegenzug meiden sie Fleisch, Geflügel, Wurst und Fisch, aber auch Schlachtfette und Gelatine.

Vegetarier, die auf Fleisch und Fisch verzichten, ansonsten aber eher weniger gesundheitsbewusst leben, nennt man umgangssprachlich »Pudding-Vegetarier«.

Wie Hormone das Gewicht beeinflussen

Das Stoffwechselhormon Insulin wird in der Bauchspeicheldrüse (Pankreas) gebildet. Das Organ im Oberbauch stellt die Verdauungssäfte her, aber auch Hormone: vor allem das lebensnotwendige, den Blutzucker senkende Insulin und das Blutzucker steigernde Glukagon. Dem Insulin wirkt innerhalb des Zellstoffwechsels wie ein Schlüssel. Denn dieses Hormon befördert alle im Blut anflutenden Nährstoffe, also Kohlenhydrate, Eiweiß und Fette, in die Muskelzellen. Zu diesem Zweck dockt Insulin an bestimmten Stellen (Rezeptoren) an der Außenhaut der Zellen an. Es öffnet hier die Zellwände und veranlasst die Aussendung von Transportern, die die Nährstoffe ins Zellinnere schleusen. Diese werden dort entweder als Bausteine für neue Zellstrukturen verwertet oder in den zelleigenen Kraftwerken (Mitochondrien) verbrannt, um Energie für geistige oder körperliche Tätigkeiten zu gewinnen. Muskeln, Leber und die Fettzellen müssten ohne den Insulinschlüssel sterben.

Dickmacherhormon Insulin

Ist der Zuckerspiegel im Blut hoch, fühlt man sich satt. Sinkt er, stellt sich umgehend ein Hungergefühl ein. Je schneller nun Zucker ins Blut gelangt, zum Beispiel nach dem Genuss von süßem Obst oder süßen Getränken, desto schneller steigt der Glukosespiegel im Blut an. Die Insulinantwort fällt dann ähnlich stark aus, die Bauchspeicheldrüse arbeitet auf Hochtouren. Die Mischung aus Kohlenhydraten und tierischem Eiweiß lässt die Reaktion besonders heftig ausfallen. Das ist etwa bei Fruchtjoghurt, einem großen Glas Apfelsaft zu einem Käsesandwich oder einem Schokoriegel der Fall, und es kommt in Folge solcher Mahlzeiten schnell zu Hunger nach mehr. Die Energie aus solchen kleinen, schnell konsumierbaren Speisen, die dann nicht in den Zellen verbraucht wird, transportiert das Insulin soweit möglich in die Muskel- und Leberzellen sowie in die enorm dehnbaren Fettzellen (Adipozyten), und sie wird dort abgelagert.
Je nach Hormontyp befinden sich die Fettzellen gehäuft entweder im Gewebe an Po und

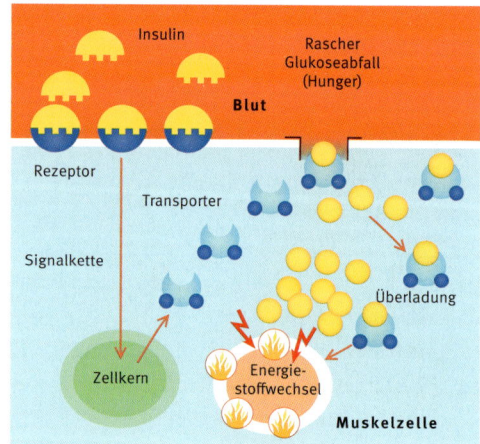

Das Hormon Insulin »öffnet« die Zelle und löst eine Signalkette aus: Transporter werden entsandt, die Zucker, Fett und Eiweiß aus der Nahrung in die Zelle einschleusen, wo sie verbrannt oder eingebaut werden.

Ist die Nahrung sehr eiweiß- und zuckerreich, steigt auch der Insulinspiegel an, um die Nährstoffe in die Zelle zu pressen. Der Energiestoffwechsel ist überhöht. Durch den raschen Glukoseabfall kommt es zu Heißhunger.

Oberschenkeln oder im Bauch. Die dazugehörende Figur bezeichnet man als Birnentyp oder als Apfeltyp.

Gesundheitsrisiko Insulinresistenz

Bei einer zu kohlenhydratreichen Ernährung über einen längeren Zeitraum kann das Insulingleichgewicht komplett aus dem Ruder laufen. Um die Energie in die Muskelzellen zu drücken, produziert die Bauchspeicheldrüse mehr und mehr Insulin. Solange viel Insulin im Blut kursiert, kommt der Fettabbau komplett zum Erliegen. Das ist besonders abends problematisch, da durch die ungünstige Nährstoffkombination von Kohlenhydraten mit tierischem Eiweiß (z.B. einem Schnitzel mit Bratkartoffeln oder Nudeln mit Käsesauce und Süßigkeiten als Abendessen) der Gegenspieler des Insulins, das Wachstumshormon (siehe auch Seite 15) nicht an der Fettzelle wirken kann. Irgendwann werden die Rezeptoren auch an fast allen Muskel- und Leberzellen wegen chronischer »Überernährung« unempfindlich und

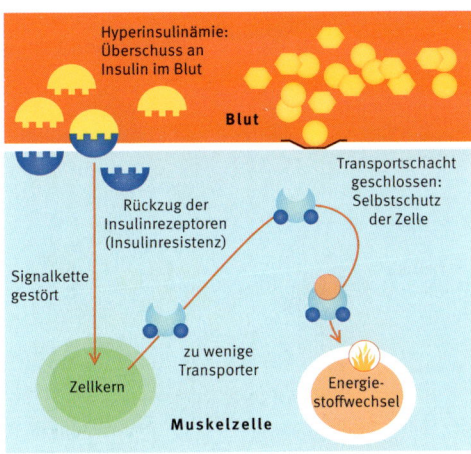

Durch dauerhaften Insulinüberschuss im Blut ziehen sich die Rezeptoren zurück. Es werden zu wenige Transporter gebildet. Die Folge: Besonders Zucker und Fett wandern in die Fettzellen. Der Energiestoffwechsel ist niedrig.

ziehen sich ganz zurück. Die Signalkette ist gestört, es kommt zu einer Insulinresistenz, die Vorstufe eines Typ-2-Diabetes.

Schlank im Schlaf – ein Hormon macht's möglich

Während der Körper tagsüber seinen Energiebedarf zu 70 Prozent aus Zucker (Kohlenhydraten) und zu 30 Prozent aus Fetten deckt, verhält es sich nachts genau andersherum: Die Energie für den Regenerationsstoffwechsel bezieht der Körper zu 70 Prozent aus Fetten und nur zu 30 Prozent aus Zucker.

Zum Anzapfen der Fettdepots im Bauch, an Po und Oberschenkeln benötigt der Körper das sogenannte Wachstumshormon (HGH). Dieses wird im Schlaf, insbesondere ab Mitternacht, produziert. Vor allem in den Fettspeicherdepots am Bauch hilft es, die Energie für die nur in der Nacht ablaufenden Aufbau- und Reparaturarbeiten an den Zellen freizusetzen. So wirkt das Wachstumshormon als Gegenspieler zum Insulin, das ja die Ausgangstüren der Fettspeicher verschließt und eine Fettfreisetzung aus den körpereigenen Depots unterbindet.

Als Baumaterial für Reparatur und Neuaufbau der Zellen braucht der Körper abends Eiweißbausteine (Aminosäuren) aus proteinhaltigen Mahlzeiten, z.B. einem Gemüsecurry mit Tofu, einem Omelett mit Kräutern oder dem neuen Eiweiß-Abendbrot aus Weizenprotein (siehe Seite 84f.). Anregen können Sie die Produktion von Wachstumshormon durch einen bewegten Alltag: Spaziergänge an der frischen Luft oder Sport kurbeln den Stoffwechsel an, unterstützen den nächtlichen Fettabbau und verbessern die Aufbauprozesse an den Körperzellen. Morgens steigert leichtes Ausdauertraining die Fettverbrennung, nachmittags ist Krafttraining gut geeignet, die Muskelmasse zu erhöhen.

Warum Zunehmen leicht ist

Alle Organfunktionen werden in bestimmten zeitlichen Rhythmen von Hormonen gesteuert. Diese übermitteln Informationen von einem Körpergewebe zum anderen. Hormone beeinflussen den Tagesablauf jedes Menschen: Sie wirken auf den Aktivitäts- und Ruherhythmus, das Stressverhalten, machen hungrig oder satt, dick oder schlank.

Stehen Sie z. B. stark unter Stress, schüttet der Körper die Notfall-Hormone Noradrenalin und Adrenalin aus. Um das System wieder ins Gleichgewicht zu bringen, löst das Gehirn nun Heißhunger aus – am liebsten auf Eiweiß

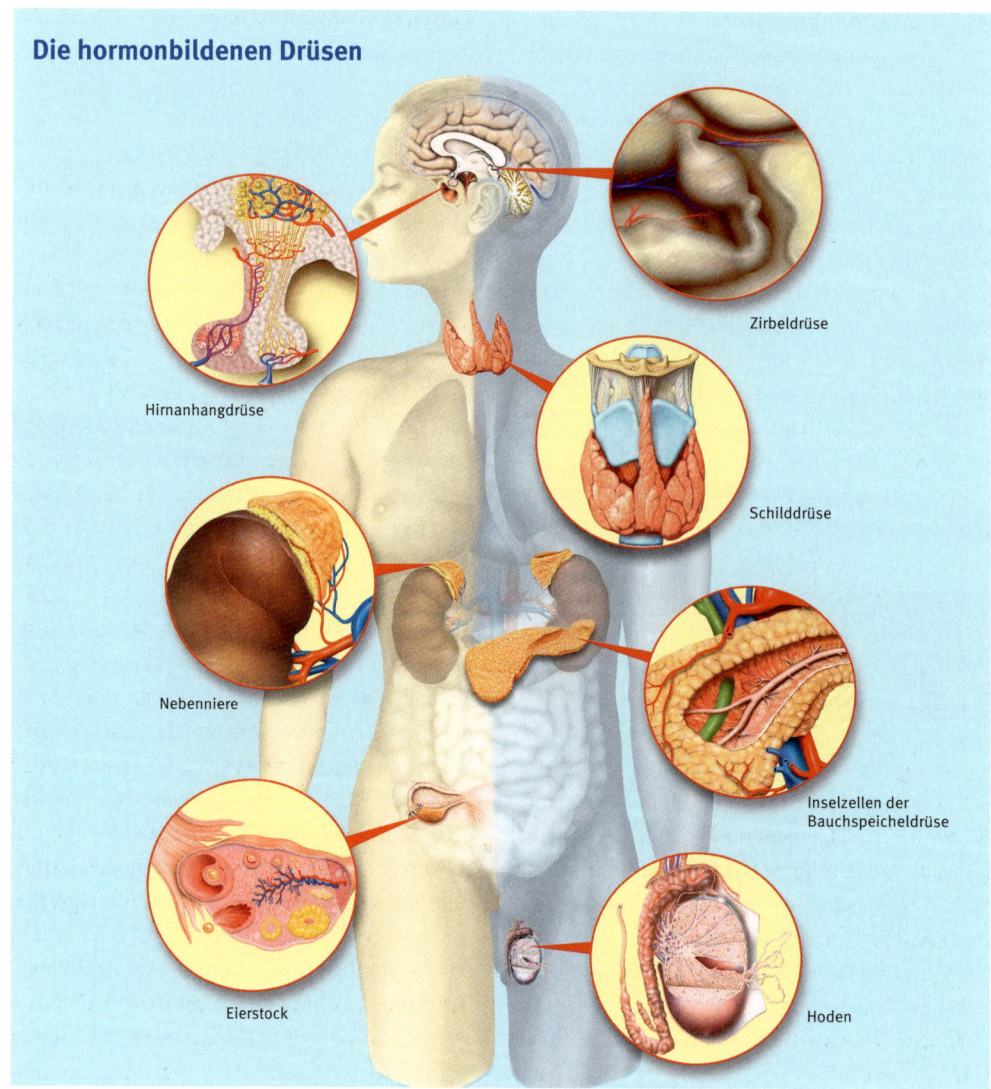

Die hormonbildenen Drüsen

Hirnanhangdrüse

Zirbeldrüse

Schilddrüse

Nebenniere

Inselzellen der Bauchspeicheldrüse

Eierstock

Hoden

Alle hormonbildenden Drüsen sind über ein Rückkopplungssystem mit dem Gehirn und den inneren Organen verbunden. Das Dickmacherhormon Insulin wirkt in diesem Zusammenspiel auf Essverhalten und Gewicht.

und danach etwas Süßes, etwa ein Sandwich mit Aufschnitt oder Käse oder ein Burger und eine Tüte Gummibärchen. Das Problem: Diese für Zwischenmahlzeiten typische Nährstoffzusammensetzung lässt den Insulinspiegel nach oben schießen und macht dick. Gebildet werden die Hormone in spezialisierten Drüsen:

▸ In der **Hirnanhangdrüse**, der Hypophyse, wird das Follikel-stimulierende Hormon FSH hergestellt, das für die Eireifung zuständig ist. Auch das Luteinisierende Hormon (LH, Gonadotropin), das den Eisprung auslöst, entsteht hier. Vor allem während des Nachtschlafs wird hier das Wachstumshormon (Somatotropin) produziert, das Wachstumsprozesse und den Stoffwechsel ankurbelt sowie die Fettverbrennung während des Schlafs ermöglicht, indem es die »Ausgangstüren« des Fettgewebes öffnet (Lipolyse).

▸ In der **Zirbeldrüse** entsteht das den Tag-und-Nacht-Rhythmus steuernde Hormon Melatonin: Bei einem ausreichend hohen Melatoninspiegel schläft man tief und gut, zu wenig davon stört den Schlaf und macht dick.

▸ In der **Schilddrüse** werden die jodhaltigen Hormone Thyroxin und Trijodthyronin produziert, die den Stoffwechsel anregen und den Energieumsatz erhöhen und auf diese Weise auch das Gewicht günstig beeinflussen. Wird zu wenig Thyroxin (T4) gebildet, macht man schneller schlapp, leidet unter Müdigkeit und Konzentrationsmangel und legt leichter an Gewicht zu. Häufigste Ursache dafür sind Jodmangel und eine chronische Schilddrüsenentzündung (Hashimoto Thyreoiditis), die vom Arzt mit Schilddrüsenhormonen behandelt werden kann.

▸ In den **Nebennieren** entstehen Adrenalin und Cortisol. Sie sind zuständig für den Mineralstoffwechsel und den Wasserhaushalt und auch wichtige Stresshormone: Sie sorgen dafür, dass Sie bei Problemen die richtigen Lösungen finden oder sich aufregen und gegebenenfalls energisch zupacken können.

▸ In den Inselzellen der **Bauchspeicheldrüse** entstehen die den Blutzucker beeinflussenden Hormone Insulin und Glukagon. Wenn durch hohes Insulin Unterzuckerungen ausgelöst werden, mobilisiert Glukagon sofort Zuckerreserven (Glykogen) – eine Mitursache für Typ-2-Diabetes.

Unsichtbare Regisseure des Stoffwechsels

Gesteuert wird die Ausschüttung der regulatorischen Hormone durch die Hirnanhangdrüse (Hypophyse), ein kirschkerngroßer Bereich des Zwischenhirns. Hier werden wie in einem Rechenzentrum alle Informationen über die Hormonsituation im Körper registriert. Es wird dafür gesorgt, dass Schwankungen und Dysbalancen ausgeglichen werden. Diese regulatorischen Hormone steuern unter anderem Schilddrüse, Nebennieren, Hoden und Eierstöcke.

Hier entstehen die Sexualhormone Testosteron, Östrogen und Progesteron. Frauen sind ihren Hormonen dabei deutlich intensiver ausgeliefert als Männer. Denn die Produktion der Sexualhormone verändert sich im Laufe eines Frauenlebens stark. Aufgrund seiner spezifischen Entwicklungsphasen von der Kindheit über die Pubertät, den monatlichen Zyklus, eine Schwangerschaft bis hin zu den Wechseljahren und der Menopause, ist der weibliche Hormonhaushalt ein Leben lang großen Schwankungen ausgesetzt.

Die weiblichen Geschlechtshormone bestimmen die Ausprägung bestimmter weiblicher Körper- und Stoffwechseltypen. Diese sind erblich bedingt und äußerlich sichtbar beispielsweise an der Neigung zur Gewichtszunahme an Bauch oder Po.

Abnehmen
nach dem SiS-Prinzip

Beide menschlichen Stoffwechseltypen – der sogenannte Nomade wie der Ackerbauer – entwickelten sich im Lauf der Evolution als Antwort auf bestimmte Veränderungen in der Umwelt. Auf diese Weise passte sich der Urmensch wechselnden Nahrungsangeboten an. So gelang es ihm, seine Art zu erhalten. Im Gegensatz zum Gehirn, das eine rasante Differenzierung erlebte, funktioniert der Verdauungsstoffwechsel noch genauso wie in Urzeiten. Zuerst manifestierte sich der Stoffwechseltyp des umherziehenden, jagenden Nomaden, dessen Tagesablauf vom ständigen Wechsel von Hungerzeiten und Sättigung geprägt war. Seine Nahrung bestand zum Großteil aus Fleisch, Insekten und Fisch (tierischem Eiweiß), wenig Kohlenhydraten aus Wildpflanzen, Wurzeln und Beeren sowie Fetten aus Nüssen. Da die Nahrungszufuhr unregelmäßig erfolgte und von so unzuverlässigen Taktgebern wie dem Wetter und dem Jagdglück diktiert wurde, entwickelte der Mensch die Fähigkeit, Fett zu speichern. Überschüssige Energie, die nicht sofort durch Bewegung verbrannt wurde, landete so als Reserve für magere Zeiten beim Mann vorzugsweise am Bauch (androide Körperfettverteilung) und bei Frauen typischerweise rund um Hüften, Po und Oberschenkel als Reserve für Schwangerschaft und Stillzeit.

Vor gut 10 000 Jahren begann der Mensch aufgrund des knapper werdenden Angebots

Stoffwechselhelfer mit Geschichte

Das Eiweißhormon Insulin gibt es schon weit über 200 Millionen Jahre. Im Säugetierstoffwechsel sorgt es seither für die Energieversorgung der Muskel-, Leber- und Fettzellen. Während die eiweißreiche Kost der Nomaden nur für geringe Insulinreaktionen sorgte, änderte sich dies schlagartig mit der Einführung der kohlenhydrathaltigen Kost aus Getreide sowie der Fähigkeit des Menschen, das Feuer zu beherrschen: Fleisch, Fisch und Knollen konnten nun gegart werden. Die Stärke aus Getreide und Wurzeln erhöhten den Zuckergehalt in der Nahrung enorm. Daran musste sich der Verdauungsapparat und insbesondere die Bauchspeicheldrüse erst anpassen.

an Wild bei einer gleichzeitigen Zunahme der Bevölkerung mit dem Ackerbau. Er erschloss sich so eine weitere Nahrungsquelle, die leichter steuerbar und auch leichter zu bevorraten war. Der Urmensch begann Getreide und andere Pflanzen auszusäen, zu ernten und aufzubewahren, sodass nun, zusätzlich zu Fleisch oder Fisch und dem, was man tagtäglich sammelte, auch mehr Vorräte zur Verfügung standen. Es sollte allerdings einige Zeit dauern, bis sich der Stoffwechsel an die schwerer verdauliche Getreidekost adaptierte.

Essen nach der inneren Uhr

Wie schnell die Nährstoffe aus einer Mahlzeit in die Körperzellen einfließen können, hängt von einem guten Funktionieren der Insulin-Rezeptoren an den Zellen ab. Dies kann man durch eine stoffwechselgerechte Insulin-Trennkost steuern, indem durch die empfohlene Nährstoffkombination zu bestimmten Tageszeiten dafür gesorgt wird, dass nur immer so viel Zucker im Blut vorhanden ist, wie die Zellen wirklich brauchen.

Warum aber spielt der Tagesrhythmus für den Stoffwechsel und damit auch für das Körpergewicht eine so wichtige Rolle? Gemeinsam mit den unterschiedlichen Stoffwechseltypen entwickelte sich auch die sogenannte »zirkadiane Periodik« unseres Organismus. Zirkadian kommt vom lateinischen »circa dies«, das heißt »ungefähr ein Tag«. Alle Vorgänge in den Zellen sind also im Normalfall auf einen Takt von 24 bis 25 Stunden eingestellt. Eine Vielzahl von Körperfunktionen unterliegt dabei ganz bestimmten tagesrhythmischen Schwankungen. Dazu gehören Blutdruck, Pulsschlag, Körpertemperatur und nicht zuletzt die Ausschüttung aller Hormone und Botenstoffe im Körper. Tatsächlich können Endokrinologen, also Wissenschaftler, die sich mit den Hormondrüsen und Hormonkreisläufen im Körper beschäftigen, bereits anhand des Blutbilds eines Menschen feststellen, um welche Tageszeit es erfasst wurde und ob der Hormonstatus in Ordnung ist.

Den Tag- und Nachtrhythmus zum Abnehmen nutzen

Chronobiologen, Wissenschaftler, die sich mit diesen Rhythmen beschäftigen, haben in Experimenten festgestellt, dass diese »innere Uhr« sich einerseits durch das (Tages-)Licht, andererseits vor allem durch die Mahlzeiten synchronisieren lässt. Denn sie reagiert äußerst empfindlich auf Stoffwechselveränderungen durch bestimmte Nährstoffe.

Warum Frühstücken so wichtig ist

Regelmäßige Essenszeiten und möglichst drei Mahlzeiten am Tag mit entsprechenden Pausen dazwischen sind empfehlenswert, um die Verdauungsorgane wie die Insulin produzierende Bauchspeicheldrüse oder auch die Leber zu schonen und Gewichtsschwankungen entgegenzuwirken. In Experimenten wurde festgestellt, dass dieser Essensrhythmus genau dem der inneren Uhr entspricht – im Gegensatz zu den lange Zeit propagierten

Zum Frühstück dürfen Sie schlemmen, beispielsweise mit Toast, Brötchen und Konfitüre.

fünf kleinen Mahlzeiten am Tag. Das lässt sich schon bei gesunden, normalgewichtigen Babys feststellen. Sie bekommen im Gegensatz zu dicken Babys im Durchschnitt nur alle vier Stunden Hunger. Dieser natürliche Rhythmus setzt sich im besten Fall bis ins Erwachsenenalter fort, mit dem Unterschied, dass normalgewichtige Erwachsene, die sich nicht nachts vor dem Kühlschrank einfinden, in der Nacht durchschlafen und so eine naturgegebene Fastenphase einhalten.

Diese ist überaus wichtig, denn Magen, Galle, Bauchspeicheldrüse und Darm benötigen diese Zeit, um alle Nährstoffe zu verdauen. Und erst wenn der Magen leer ist, stellt sich durch entsprechende Hormonsignale auch wieder ein Hungergefühl ein. Das Ungünstigste, was man seinem Stoffwechsel und der inneren Uhr deshalb antun kann, ist ständig zu essen. Doch das von Ernährungswissenschaftlern »Grasen« genannte Essverhalten, in Analogie zum Fressverhalten von Weidetieren, nimmt in den Industrienationen dramatisch zu und wird durch die überall erhältlichen schnellen kleinen Mahlzeiten beim Bäcker, Metzger, an der Tankstelle oder in Fastfood-Restaurants allzu leicht gemacht. Das schadet der Gesundheit und kostet, wie Studien von Altersforschern zeigen, darüber hinaus Lebensjahre.

Die Mischung macht es, ...

… und die Mengen, die wir morgens, mittags und abends zu uns nehmen, natürlich auch. Was genau und wie viel Sie zu welcher Tageszeit essen können, erfahren Sie ab Seite 30 Unsere leckeren vegetarischen Rezepte lassen das Genießerherz zudem höher schlagen. Denn nicht nur die Essenszeiten wirken sich förderlich auf den Stoffwechselrhythmus aus, auch die Zusammensetzung und die Größe der jeweiligen Mahlzeitenportion sind ent-

Wer häufig isst, wird schneller dick

Eine US-amerikanische Studie der Rocke-feller-University, die im Jahr 2009 in der Zeitschrift *Nature* veröffentlicht wurde, be-stätigt, dass häufige Mahlzeiten für eine stetige Insulinproduktion im Körper sorgen. Auf diese Weise wird Fett besonders effektiv gespeichert und die Fettverarbeitung (Fett-oxidation) in der Leber gestört. In einem Ne-beneffekt wird auch die Lust auf Bewegung und körperliche Aktivität dadurch gelähmt, was den Insulinspiegel weiter stabil hält. Niedrige Insulin-Spiegel hingegen können durch Fastenperioden zwischen den Mahl-zeiten erreicht werden. Deshalb: Morgens, mittags und abends gut essen und dazwi-schen Pausen einhalten. Bei Heißhunger-attacken helfen kleine Eiweißportionen für den Notfall (siehe Seite 47).

scheidend: Das Frühstück bricht dabei das nächtliche Fasten. Im Englischen kennt man dazu den Ausdruck »breakfast«. Jetzt sollten vor allem Kohlenhydrate auf dem Speise-zettel stehen, denn unser Gehirn, das aus-schließlich auf die Versorgung mit Glukose angewiesen ist, braucht nach der nächtlichen Essenspause dringend Zucker. Auf tierisches Eiweiß (Quark, Joghurt, Milch, Käse oder Aufschnitt) sollte tunlichst verzichtet werden, da sie um diese Tageszeit die Bauchspeichel-drüse unnötig stressen. Frühaufsteher, von Chronobiologen »Lerchen« genannt, vertra-gen morgens zwischen 7 und 9 Uhr schon gut

ein schnelles und üppiges Mahl. »Eulen« tun sich mit den ab Seite 37 empfohlenen Mengen oft nicht so leicht. Für sie gibt es aber etwas später, zwischen 9 und 11 Uhr, leckere Alter-nativen in Form von Müslifrühstücken und Obst, die weniger schnell anfluten als Brot-frühstücke.

Auch mittags sollte der Tisch gut gedeckt sein in Form einer Mischkostmahlzeit mit vie-len Kohlenhydraten und Eiweiß oder je nach Hormontyp mit einer reinen Eiweißmahlzeit. Entscheidend beim Schlankwerden im Schlaf, welches der Insulin-Trennkost nach Dr. Pape zu ihrem Namen verholfen hat, ist außerdem ein wirkungsvoller Gegenspieler des Insu-lins: das Wachstumshormon. Dieses Hormon wird vorwiegend nachts im Schlaf ausge-schüttet. Das in der Hypophyse hergestellte Wachstumshormon kurbelt alle Reparatur-Wachstumsprozesse im Körper an. Ab 20 Uhr und besonders stark ab Mitternacht wird die maximale Menge ausgeschüttet. Jetzt findet die Fettverbrennung im Schlaf statt, welche entscheidend für die Stoffwechselgesundheit und auch den Abnehmerfolg im Rahmen des Schlank-im-Schlaf-Prinzips ist. Vorausgesetzt, der Körper wird abends nicht mit Kohlenhy-draten gefüttert, sondern ausschließlich mit hochwertigem Eiweiß aus tierischen oder pflanzlichen Quellen. Das Eiweiß (Protein) liefert nun für die Reparatur und den Neuauf-bau von 50 bis 70 Millionen Zellen ein hoch-wertiges Aminosäurengemisch. Um dafür Energie anzuzapfen, mobilisiert das Wachs-tumshormon (HGH) verstärkt Speicherfett. Wer zur falschen Zeit durch Essen eine hohe Insulinreaktion auslöst, versperrt seine Fett-depots. Die Insulin-Trennkost ist so konzi-piert, dass sie die Fettspeicher gezielt und im von der inneren Uhr vorgegebenen Rhythmus anzapft. So bringen Sie ganz einfach über-schüssige Pfunde zum Schmelzen.

Schlank-im-Schlaf vegetarisch

Die Ernährung nach dem Schlank-im-Schlaf-Prinzip ist perfekt an die unterschiedlichen Stoffwechseltypen angepasst. Sie sorgt für einen gut ausbalancierten Insulinspiegel, schont die Verdauungsorgane und erhält so die Darmgesundheit, verhindert Heißhungerattacken und regt die Fettverbrennung im Schlaf an. Für Vegetarier sind die Schlank-im-Schlaf-Rezepte optimal, da der Schlankheitshelfer Eiweiß bei dieser Ernährungsweise eine herausragende Rolle spielt. Die vegetarischen Schlank-im-Schlaf-Rezepte sichern eine hervorragende Eiweißversorgung. Denn die Bioverwertbarkeit von pflanzlichen Eiweißträgern wie Linsen, Bohnen, Kichererbsen & Co. ist

vor allem in Kombination mit Getreide (mittags), Gemüse und frischen Kräutern (abends) besonders hoch. Um langfristig und gesund abzunehmen, sollten Sie folgende Aspekte im Blick behalten:

▶ **Achten Sie darauf, die richtigen Nährstoffe zur richtigen Tageszeit zu verzehren,** und vermeiden Sie Zwischenmahlzeiten. Diese machen unweigerlich dick, da der Insulinspiegel ständig überhöht ist, die Fettverbrennung dadurch ausgebremst wird, und Sie ständig Appetit haben. Wenn Sie sich an den Drei-Mahlzeiten-Rhythmus nach Ihrer inneren Uhr gewöhnt haben, werden Sie bald keinen kleinen Hunger mehr zwischendurch verspüren. Falls doch – das kann in der ersten Zeit der Umstellung gelegentlich der Fall sein – werfen Sie einfach einen Blick auf unsere kleinen Eiweiß-Notfallrezepte auf Seite 47.

▶ **Schlafen Sie gut!** Wenn Sie zu wenig oder unregelmäßig schlafen, aufgrund eines zu hohen Stresspensums, ungünstiger Ernährungsgewohnheiten (Kohlenhydrate am Abend) und zu wenig Bewegung tagsüber, dann bremsen Sie – ohne es zu wollen – den nächtlichen Fettabbau. Bei Frauen rührt gestörter Schlaf oft daher, dass sie nachts ein Baby versorgen müssen oder dass sie durch hormonelle Ungleichgewichte in den Wechseljahren nicht mehr ohne Weiteres durchschlafen. Das tut weder dem Immunsystem noch dem Gewicht gut. Sorgen Sie deshalb wenn möglich für eine zusätzliche kurze Tagespause, um verlorenen Schlaf nachzuholen (das funktioniert!). Bei wechseljahrbedingten Schlafbeschwerden kann die Gabe von Progesteron (1–2 Kapseln vor dem Einschlafen nehmen) helfen. Sprechen Sie darüber mit Ihrer Frauenärztin/Ihrem Frauenarzt.

▶ **Ein aktiver Alltag tut gut.** Regelmäßige Spaziergänge, Freizeitsportarten, die Spaß

INFO

Gewichtsfallen ausbremsen

Die meisten Frauen kennen das: Durch hormonelle Schwankungen kommt es immer wieder zu Gewichtsunregelmäßigkeiten und einem unsteten Auf und Ab auf der Waage. Versuchen Sie sich bei hormonellen Schwankungen um den monatlichen Eisprung und vor der Menstruation, während Schwangerschaft und Stillzeit sowie in den Wechseljahren gezielt im empfohlenen Rhythmus und mit leicht verändertem Nährstoffangebot zu ernähren: mehr Eiweiß auch zum Frühstück und zum Mittagessen (Eiweiß-Abendbrot). Das hilft, eventuelle Gewichtsschwankungen auszubremsen.

Auch Männer, die schneller wieder in Form kommen möchten, sind mit einer eiweißbetonteren Insulin-Trennkost gut beraten.

machen, oder auch Yoga sind Balsam für Leib und Seele, erhöhen ganz nebenbei die Stoffwechselrate und erhalten die Muskulatur. So unterstützen Sie Ihren Körper bei der Fettverbrennung und sorgen darüber hinaus auch noch für seelische Ausgeglichenheit und starke Nerven, denn Bewegung wirkt ebenso entspannend wie beispielsweise Qi Gong- oder Atemübungen.

Alles, was Sie brauchen

Ihr Körper benötigt jeden Tag in einem bestimmten Rhythmus unterschiedliche Nährstoffe aus frischen, hochwertigen, möglichst von Schadstoffen unbelasteten Lebensmitteln. Solche Zutaten schmecken besser und sind zudem reicher an wertvollen Inhaltsstoffen für ihre Gesundheit.

Im Rahmen der Insulin-Trennkost nehmen Sie jeden Tag die optimale Menge an Nährstoffen in der Kombination mit Vitaminen, Mineralstoffen und Spurenelementen auf. Pro Tag verzehren Sie dabei zwischen 1500 und 2000 Kilokalorien.

Kohlenhydrate

Sie stecken beispielsweise in Früchten (Glukose und Fruktose), Gemüse (Fruktose und/ oder Glukose) oder Milch (Laktose). Diese sogenannten kurzkettigen Zucker gehen sehr schnell ins Blut und liefern Energie für Ihre grauen Zellen und alle Alltagsbewegungen. Langkettige Zucker liefern vor allem pflanzliche Lebensmittel wie Getreide und Getreideprodukte, Hülsenfrüchte (Linsen, Bohnen) und Kartoffeln. Diese sind reich an Stärke

 So berechnen Sie Ihren individuellen Kohlenhydratbedarf

Wie viele Kohlenhydrate Sie jeweils zum Frühstück und zum Mittagessen benötigen, rechnen Sie entsprechend Ihrem BMI (Body Mass Index) aus:

So errechnen Sie Ihren BMI:

$$BMI = \frac{\text{Gewicht in kg}}{\text{Größe in m} \times \text{Größe in m}}$$

Zwei Beispiele:

$$\frac{70 \text{ kg}}{1{,}70 \text{ m} \times 1{,}70 \text{ m}} = 24{,}22 \text{ BMI}$$

entspricht je 75 g KH morgens und mittags

$$\frac{87 \text{ kg}}{1{,}70 \text{ m} \times 1{,}70 \text{ m}} = 30{,}10 \text{ BMI}$$

entspricht je 100 g KH morgens und mittags

 Kohlenhydratportionen für Frühstück und Mittagessen

So viele Kohlenhydrate brauchen Sie entsprechend Ihrem BMI morgens und mittags

Frauen	Männer
BMI unter 30 = 75 g Kohlenhydrate	BMI unter 30 = 100 g Kohlenhydrate
BMI über 30 = 100 g Kohlenhydrate	BMI über 30 = 125 g Kohlenhydrate

Insulin-Score verschiedener Lebensmittel je 250 kcal*

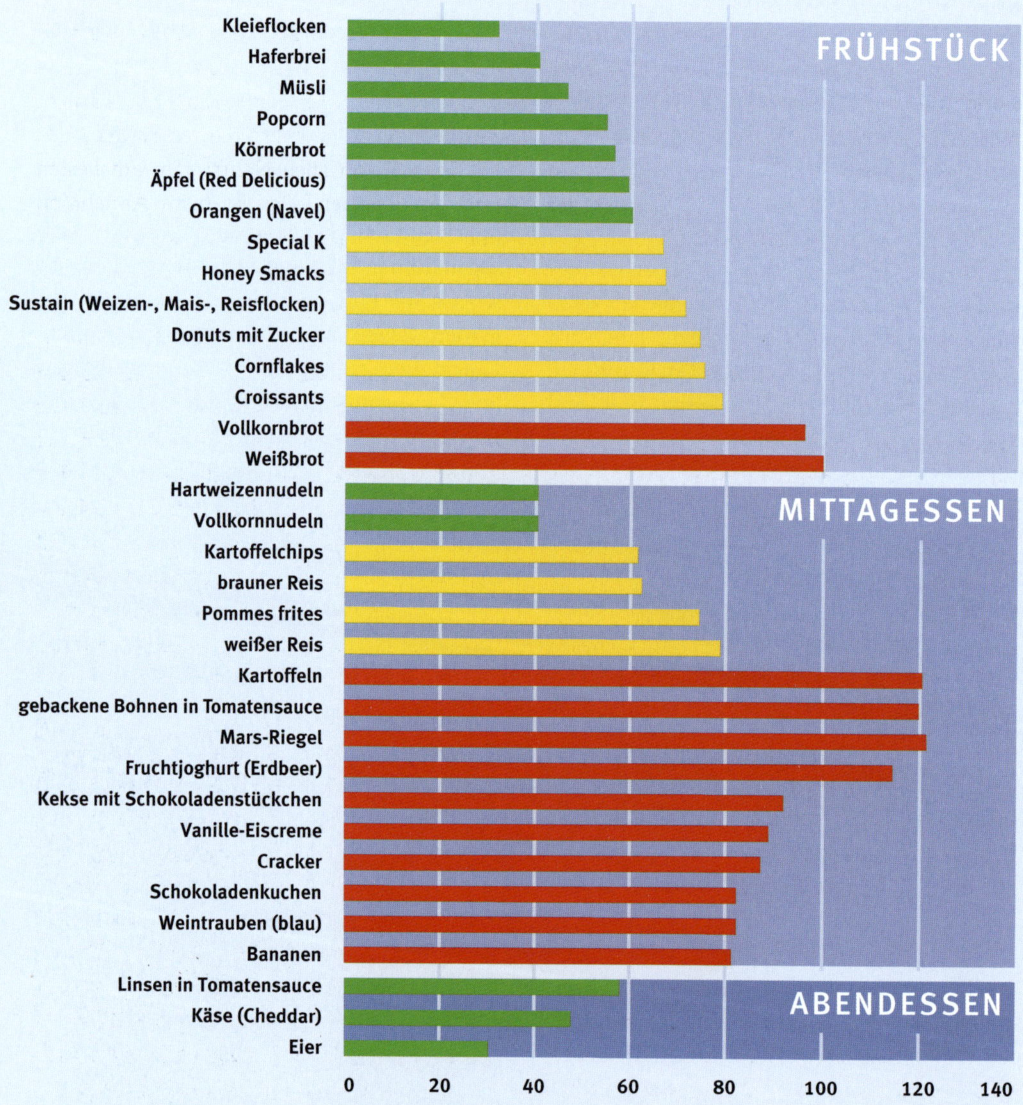

FRÜHSTÜCK

Lebensmittel	
Kleieflocken	
Haferbrei	
Müsli	
Popcorn	
Körnerbrot	
Äpfel (Red Delicious)	
Orangen (Navel)	
Special K	
Honey Smacks	
Sustain (Weizen-, Mais-, Reisflocken)	
Donuts mit Zucker	
Cornflakes	
Croissants	
Vollkornbrot	
Weißbrot	

MITTAGESSEN

Hartweizennudeln	
Vollkornnudeln	
Kartoffelchips	
brauner Reis	
Pommes frites	
weißer Reis	
Kartoffeln	
gebackene Bohnen in Tomatensauce	
Mars-Riegel	
Fruchtjoghurt (Erdbeer)	
Kekse mit Schokoladenstückchen	
Vanille-Eiscreme	
Cracker	
Schokoladenkuchen	
Weintrauben (blau)	
Bananen	

ABENDESSEN

Linsen in Tomatensauce	
Käse (Cheddar)	
Eier	

0   20   40   60   80   100   120   140

*Referenzwert: Weißbrot 100 %

Ideal für morgens und abends sind die Lebensmittel, die die niedrigsten Insulinreaktionen hervorrufen (grün, gelb). Die für morgens empfohlenen großen Brotmengen sind trotz der Insulinreaktion (rot) sinnvoll, um die leeren Zuckerspeicher zu füllen. Die Verwendung von Streichfett wiederum bremst das Insulin.

und zum Teil auch an Ballaststoffen, die eine wichtige Rolle für die Darmgesundheit spielen. Bei allen stark kohlenhydrathaltigen Lebensmitteln, also auch bei langkettigen Kohlenhydraten aus Vollkornprodukten, fällt die Insulinreaktion hoch aus, weil das Mehl im Stoffwechsel immer zu reinem Traubenzucker zerfällt. Merke: Brote und andere Backwaren sind gebackener Traubenzucker, bis auf das neue Eiweiß-Abendbrot. Im Rahmen der Insulin-Trennkost stehen deshalb Kohlenhydrate morgens und meistens auch mittags auf dem Programm. Ein ausgiebiges Kohlenhydrat-Frühstück sorgt für Energie und Wärme für den Tag. Morgens darf es deshalb ruhig ein leckeres Croissant mit Marmelade oder Honig oder ein Rosinenbrötchen mit einem Frucht-Smoothie sein. Wer Brot und Gebäck morgens nicht so mag, dem schmeckt ein großer Vanille-Sojajoghurt mit Getreideflocken und Obst. Viele leckere Anregungen für Ihr vegetarisches Kohlenhydrat-Frühstück finden Sie ab Seite 36. Fürs Mittagessen finden Sie köstliche Mischkostrezepte (ab Seite 50). Danach können Sie sogar ein kleines Dessert genießen, denn auch um diese Tageszeit sind Kohlenhydrate erwünscht und erlaubt. Wer allerdings schneller abnehmen will, kann sich jetzt auch von einem eiweißreichen Abendrezept inspirieren lassen (ab Seite 87).

Fette

Im Körper dienen Fette nicht nur als Energieträger sondern auch als wichtige Baustoffe im Zellstoffwechsel. Ein gesunder, normalgewichtiger Erwachsener sollte täglich zwischen 60 und 90 Gramm Fett verzehren. Besonders wertvoll unter anderem für die Herz- und Kreislaufgesundheit sind Öle mit einfach ungesättigten Fettsäuren, wie Oliven-, Erdnuss- oder Rapsöl. Genauso wichtig für ein gesundes Immunsystem sind mehrfach ungesättigte Fettsäuren (Omega-3- und Omega-6-Fettsäuren) aus Weizenkeim-, Walnuss- oder Sojaöl.

Eiweiß

Proteine und ihre Bausteine (Aminosäuren) liefern wertvolle Grundsubstanzen zur Herstellung von Hormonen, Enzymen, Zellen, Muskeln, Haut und Haaren. Außerdem sättigt Eiweiß von allen Nährstoffen am besten und am längsten. Das ist beim Abnehmen besonders wichtig: Denn wer hungert, stellt den Körper auf Sparflamme um. Das macht nicht nur kalte Füße, sondern sorgt nach dem Ende der Hungerkur für den unschönen Jojo-Effekt. Man nimmt in null Komma nichts wieder zu und legt oft noch ein paar Pfunde mehr drauf als vor der Diät. Mit viel Eiweiß kann der Körper dagegen viel Fett verlieren. Denn bei den üblichen Diäten schrumpft meist zuerst die Muskelmasse und raubt damit dem Körper seine Instrumente der Fettverbrennung für Grundumsatz und Kraftleistung. Je mehr Muskelmasse verloren

INFO

Suchen Sie Rat bei Ihrem Arzt,

wenn Sie an einer Leber- oder Nierenerkrankung leiden oder an einer angeborenen Stoffwechselstörung. Bei einer eiweißreichen Ernährung sind Leber und Nieren besonders gefordert, weshalb bei diesen Erkrankungen der Eiweißverzehr von Ärzten sehr kritisch gesehen wird. Auch bei rheumatischen Beschwerden kann tierisches Eiweiß die Beschwerden verstärken. Zu eiweißarmes Essen schadet wiederum dem Immunsystem und natürlichen Heilvorgängen.

geht, desto schwerer fällt es nach einer Diät, das Gewicht zu halten. Zudem kurbeln Proteine die Wärmebildung im Körper an, das sorgt für einen höheren Energieverbrauch.

Da der Körper nur geringe Mengen Eiweiß speichern kann, müssen wir es regelmäßig mit der Nahrung aufnehmen. Im Wachstum, während einer Schwangerschaft und im Alter ist der Proteinbedarf erhöht. Für gesunde, normalgewichtige Erwachsene mit einem aktiven Alltag empfiehlt die Deutsche Gesellschaft für Ernährung (DGE) 0,8 bis 1,2 Gramm Eiweiß pro Kilogramm Körpergewicht pro Tag. Bei einer Person mit 70 Kilogramm Körpergewicht entspricht dies 70 × 0,8 [1,2] = 56 bis 84 Gramm Eiweiß.

Ideale eiweißreiche Nahrungsmittel für Vegetarier sind getrocknete Hülsenfrüchte (enthalten im Schnitt 22 g Eiweiß/100 g), Eiweiß-Abendbrot nach Dr. Pape (26 g Eiweiß/100 g), Milch- und Milchprodukte (ca. 10 g Eiweiß/100 g), Tofu (9 g Eiweiß/100 g) und

Ei (10 g Eiweiß). Zum Vergleich: Fisch oder Fleisch liefern im Schnitt 20 Gramm Eiweiß pro 100 Gramm.

Studien belegen, dass sich mit einer eiweißreichen Kost besonders gut abnehmen lässt. Bei Personen, die sich bis zu sechs Monate mit reichlich Eiweiß ernährten, war der Gewichtsverlust teilweise doppelt so hoch wie bei denjenigen, die kohlenhydratreich und fettarm aßen. Zudem wirkt sich die eiweißreiche Kost positiv auf die Cholesterinwerte aus.

Fleischlos schlank und glücklich

Die vegetarische Küche ist durch die vielfältigen frischen Produkte und auch durch ihre vielen Anleihen aus den Aromenküchen der Welt ein besonderes Genusserlebnis. Richtig gesund wird sie dann, wenn Sie beim Einkauf von Gemüse, Kräutern und Obst nicht nur auf eine gute Qualität, Frische und regionalen Anbau achten, sondern auch saisonal einkau-

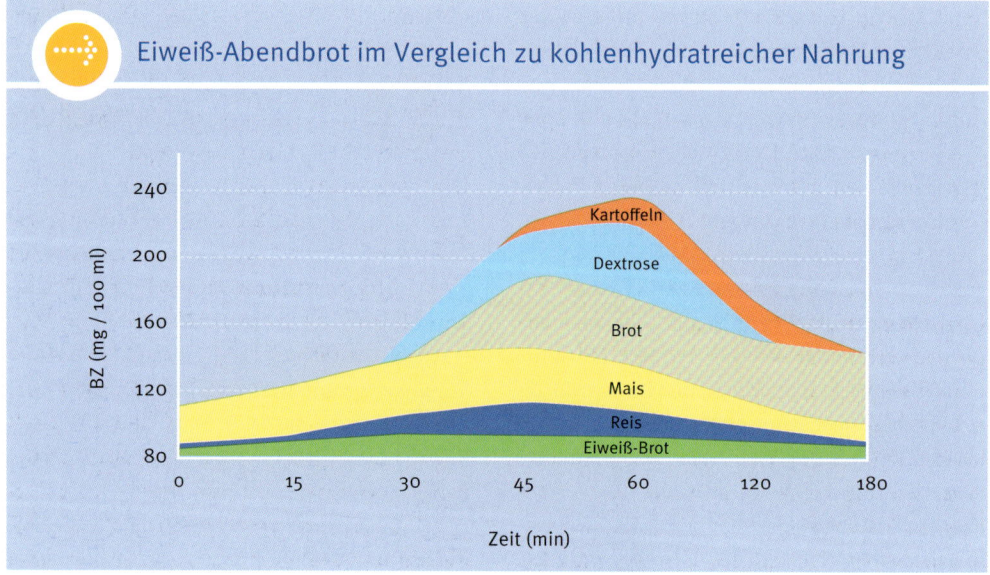

Im Gegensatz zu überwiegend stärkehaltigen Lebensmitteln wie Kartoffeln oder herkömmlichem Brot hält das Eiweiß-Abendbrot aus Weizenprotein sowohl den Blutzucker- als auch den Insulinspiegel sehr flach.

Frische Produkte sind einfach gut – schauen Sie einmal auf dem Bauernmarkt in Ihrer Nähe, was die Saison bietet.

Probleme wie Wasserknappheit, Nahrungsmittelmangel und Übernutzung der Böden durch Monokulturen wären damit entschärft. Dies alles zeigt: Selbst wer sich nicht ganz auf eine vegetarische Ernährungsweise umstellen möchte, kann mit einem, zwei oder drei vegetarischen Tagen pro Woche viel für sich und die Umwelt tun.

Ovo- oder lactovegetarisch oder doch vegan?

Alle Rezepte in diesem Buch wurden nach dem Schlank-im-Schlaf-Prinzip entwickelt und zusammengestellt und sind vegetarisch. Allerdings gibt es beim Vegetarismus ganz unterschiedliche Spielarten:

Ovo-Lacto-Vegetarier essen kein Fleisch, mögen aber neben Getreide, Gemüse und Obst auch Eier, Milch und Milchprodukte. Die meisten der 6 Millionen Vegetarier in Deutschland bevorzugen diese Form der Ernährung. Sie hat unter anderem den Vorteil, dass die Versorgung mit so wichtigen Vitalstoffen wie Eisen, Vitamin B_{12}, Eiweiß und Zink problemlos gewährleistet ist.

Lacto-Vegetarier mögen Milch und Milchprodukte wie Joghurt, Käse und Quark und streichen Eier von ihrem Speiseplan.

Ovo-Vegetarier hingegen haben Gemüse, Getreide, Eier und Eiergerichte gerne, lassen jedoch Milch und Milchprodukte weg. Bei einer Milchzuckerunverträglichkeit (Laktoseintoleranz) ist diese Ernährungsweise sehr empfehlenswert.

Veganer verzichten ganz auf Produkte lebender Tiere. Sie essen also weder Eier noch Milch und Milchprodukte, aber auch keinen Honig. Bei dieser Ernährungsform ist es besonders wichtig, auf eine ausreichende Eiweißzufuhr und Kalzium zu achten. Eisen-, Zink-, Vitamin D_3- und Vitamin B_{12}-Mangel können nach längerer Zeit auftreten.

fen. Wer saisonal einkauft, bringt die Vielfalt eines Jahresverlaufes auf den Tisch. Dass diese Einkaufsweise auch zum Umweltschutz beiträgt, ist inbegriffen. In der hinteren Klappe dieses Buches finden Sie einen Saisonkalender, der Ihnen auf einen Blick verrät, wann welche Früchte und Gemüse reif sind.

Tatsächlich können Vegetarier mit einem guten Gewissen genießen. Berechnungen von Umweltorganisationen zeigen: Wenn alle Deutschen in der Woche sechs Mahlzeiten ohne Fleisch, Wurst, Käse und Milchprodukte einnähmen, würde durch den nicht benötigten Energieverbrauch der CO_2-Ausstoß derart verringert, als würden über zwei Millionen PKW stillgelegt! Und auch der Flächenbedarf in den Erzeugerländern Südamerikas für den Anbau von Tierfutter und für Weiden könnte reduziert werden. Aktuelle drängende

Die gesunden Stoffe im Essen

Sekundäre Pflanzenstoffe

Sie sind Wunderwaffen der Natur und es gibt sie rezeptfrei an jedem Gemüse- und Obststand. Dabei dienen die sekundären Pflanzenstoffe (sekundär, weil die Pflanze dazu nicht Stoffe von außen aufnimmt, sondern sie selbst bildet) zunächst dem Schutz der Pflanze selbst. Unter diesen von Ernährungswissenschaftlern hochgelobten Substanzen versteht man zahlreiche, chemisch sehr unterschiedliche Verbindungen, die ein Gemüse oder eine Frucht vor Schädlingen oder Fraßfeinden schützen. Das können Farb- und Duftstoffe sein oder bestimmte Hormone.

Sekundäre Pflanzenstoffe beeinflussen aber auch die Funktionen des menschlichen Körpers, wenn wir Gemüse oder Früchte verzehren, und werden deshalb als bioaktive Substanzen bezeichnet.

Die Farbe von Gemüse ist mehr als nur schön anzusehen, denn sie besteht aus gesundheitsfördernden Stoffen.

Ballaststoffe

Auch sie gehören zu den bioaktiven Pflanzenstoffen und stecken in den unverdaulichen Randschichten von Getreide sowie in den Pflanzenfasern von Gemüse und Obst. Je naturbelassener frische Nahrungsmittel sind, desto reicher sind sie an diesen Pflanzenfasern. Aus diesem Grund hat beispielsweise Vollkornmehl einen höheren Ballaststoffgehalt als Weißmehl mit einer niedrigeren Typenzahl (405 bzw. 550).

Ballaststoffe aus Getreideflocken und -keimen, aus Vollkornmehl oder Hülsenfrüchten, aus Gemüse und Obst sättigen gut, helfen bei der Darmpassage und dienen den für das Immunsystem wichtigen Bifidusbakterien im Dickdarm als Nahrung. Dabei entstehen Fettsäuren, die der Körper gut verwerten kann. Zu den Ballaststoffen gehören Stoffe wie Inulin (aus Topinambur, Chicorée, Aubergine oder Schwarzwurzel), Pektin (aus Äpfeln), Agar-Agar und Johannisbrotmehl.

Die Deutsche Gesellschaft für Ernährung empfiehlt die Aufnahme von 30 Gramm Ballaststoffen pro Tag, eine Menge, die Sie mit den vegetarischen Schlank-im-Schlaf-Rezepten spielend erreichen. Mehr ist nicht nötig, denn zu viele Getreideballaststoffe können die Resorption von Eisen und Zink behindern bis zur Blutarmut und Infekthäufung. (Es bilden sich nicht aufnehmbare Salze der Phytinsäure, sogenannte Phytate.)

Vitamine

Diese lebenswichtigen Nährstoffe müssen wir täglich zu uns nehmen, da ohne sie im Stoffwechsel vieles schlecht läuft. Gemüse und frisches Obst ist oft reich an hochwertigem Vitamin C (z. B. aus Beerenobst, Orangen, Grapefruits, Kartoffeln oder Grünkohl) und an Betakarotin. Vitamin E steckt in Samen und Nüssen. Alle drei genannten Vitamine schützen die Zellen vor freien Radikalen und wirken antioxidativ. Wer dann auch noch Milch und Milchprodukte auf dem Speiseplan hat (Ovo-Lacto- oder Lacto-Vegetarier), nimmt zudem viel Vitamin B_2 und B_{12} zu sich, beide wichtig für den Energiestoffwechsel, das Nervensystem und die Blutbildung. Vitamin B_1, das in Getreide (Haferflocken) oder Soja enthalten ist, steuert den Energiestoffwechsel der Nervenzellen.

Kalium und Magnesium

Alle Mineralstoffe sind lebensnotwendig. Sie spielen eine wichtige Rolle bei allen Stoffwechselfunktionen und dienen teilweise auch als Baustoffe von Körpersubstanzen.

Getreide, Gemüse und Obst sind besonders reich an Kalium. Dieses Mineral ist wichtig für die Regulation des Wasserhaushalts und spielt unter anderem eine Rolle bei der Aktivierung von bestimmten Enzymen sowie im Zuckerstoffwechsel. Zusammen mit Natrium und Kalzium wirkt Kalium zudem auf die Herzmuskeltätigkeit und ist für die Erregbarkeit von Muskel- und Nervenzellen zuständig. Auch Magnesium kommt reichlich in frischen pflanzlichen Lebensmitteln vor. Es ist ein Regulator für die Knochenbildung und Muskelarbeit.

Pflanzliche Fette

Fette sind grundsätzlich in Ordnung, nur stark verarbeitete Lebensmittel, in denen sich reichlich gesättigte Fettsäuren oder sogar die ungesunden Transfettsäuren verstecken, sollten Sie meiden. Man kann sie auf der Zutatenliste am Hinweis »gehärtete Fette« oder »teilgehärtete Fette« erkennen. Ideal für unseren Körper ist ein Mix aus Pflanzenölen, die reich sind an einfach und mehrfach ungesättigten Fettsäuren oder sogar seltene Omega-3-Fettsäuren enthalten. Sie schützen Herz

und Kreislauf, das Immunsystem und wirken entzündungshemmend und spielen insgesamt eine wichtige Rolle für das reibungslose Funktionieren des Organismus.

Eine wichtige Omega-3-Fettsäure, die Alpha-Linolensäure, steckt in Raps-, Soja-, Walnuss- und Leinöl sowie in Walnüssen, Haselnüssen, Weizenkeimen und Leinsamen. Rapsöl ist ideal zum Braten. Vorsicht bei Sojaöl: Es darf aus gentechnisch veränderten Bohnen hergestellt werden, was aber auf dem Etikett stehen muss. Das hoch geschätzte Olivenöl hingegen mit seinen einfach ungesättigten Fettsäuren macht sich gut im Salat oder zu kalten Vorspeisen. Das mit der höchsten Güteklasse heißt »natives Olivenöl extra«. Trotzdem gibt es auch hier Qualitätsschwankungen. Hinweise zum Herkunftsland, zur Region und zur Olivensorte sind Hinweise auf ein sehr gutes Öl. Alle Öle sollten Sie immer kühl und dunkel aufbewahren.

Öle, Nüsse oder auch Weizenkeime sollten vor Licht und Sauerstoff geschützt aufbewahrt werden.

Eiweiß

Ovo-Lacto-Vegetarier ernähren sich in der Regel so abwechslungsreich, dass sie mit allen wichtigen Nährstoffen versorgt sind. Veganer allerdings müssen sehr darauf achten, dass sie ausreichend Eiweiß, Vitamine und Mineralstoffe bekommen. Wichtig für sie ist die gute Verwertbarkeit von Nahrungseiweiß zu Körpereiweiß. Tierische Lebensmittel wie Milch und Milchprodukte, Fisch und auch Fleisch enthalten Eiweiß, das dem im menschlichen Körper benötigten sehr ähnlich ist, – man spricht von Eiweiß mit einer hohen biologischen Wertigkeit. Da pflanzliche Lebensmittel entweder nicht alle acht lebensnotwendigen (essenziellen) Eiweißbausteine (Aminosäuren) zugleich enthalten oder aber diese acht in einem ungünstigen Mengenverhältnis, kommt es deshalb bei einer streng vegetarischen Ernährung auf die richtige Lebensmittel-Kombination an. Für Veganer sind beispielsweise Soja- statt Milchprodukte, wie etwa Tofu oder Tempeh, aber auch das Eiweiß-Abendbrot aus Weizenprotein (siehe Seite 84 f.) sowie Seitan, eine gute Lösung. Eine sehr günstige Mischung, die gut für den Körper zu verwerten ist, ist der Mix von Getreide mit Hülsenfrüchten wie Erbsen, Bohnen oder Linsen und mit Pilzen sowie die Zugabe von Nüssen und Saaten zu Salat und Gemüse.

 Rundum gut versorgt?

Einige wenige Nährstoffe können bei einer vegetarischen Ernährung knapp werden:
Eisen – wichtig für die Bildung roter Blutkörperchen und damit für die Sauerstoffversorgung. Fleischesser nehmen es vor allem aus rotem Fleisch zu sich. Das Mineral steckt auch in geringen Mengen in grünem Gemüse, wie etwa Mangold und Petersilie, in Getreidekeimen, Hirse und Hafer, Hülsenfrüchten und Pilzen (vor allem Pfifferlingen). Verbessert wird die Eisenaufnahme, wenn Sie gleichzeitig Vitamin C zu sich nehmen. Dazu träufeln Sie einfach etwas Zitronensaft über das Gericht oder trinken Orangensaft dazu.
Kalzium und Vitamin D₃ – Vor allem Veganer, die keine Milch und Milchprodukte zu sich nehmen, und Frauen in den Wechseljahren müssen auf eine ausreichende Kalzium- und Vitamin D₃-Zufuhr achten. Der wichtige Mineralstoff für Knochen und Zähne, die Blutgerinnung und den Hormonhaushalt steckt auch in mit Kalzium angereicherten Sojaprodukten sowie Brokkoli, Spinat oder Grünkohl, aber auch in Mandeln, Sesamkörnern und Haselnüssen. Das Vitamin D₃ sorgt überhaupt erst für eine gute Resorption von Kalzium in der Darmschleimhaut. Ab dem 50. Lebensjahr sollten ganzjährig mindestens 1000 I.E. Vitamin D₃ in Öl- oder Tablettenform zugeführt werden.
Zink – Das Spurenelement spielt eine wichtige Rolle für den Immunschutz und das Wachstum von Körpergeweben wie Haut und Haare. Ausreichend versorgt sind Ovo-Lacto-Vegetarier, da Zink in Joghurt und einigen Käsesorten, etwa Cheddar steckt. Veganer sollten auf eine ausreichende Zinkzufuhr in Form von Vollkornprodukten und Nüssen (z. B. Paranüssen) und Saaten (Sesamkörner, Kürbiskerne) achten.

Basics für die Veggie-Küche

In der vegetarischen Küche werden andere Schwerpunkte als in der Fleisch- und Fischküche gesetzt. Kräuter und Aromen etwa spielen hier eine sehr wichtige Rolle, was diese Küche enorm abwechslungsreich macht. So garantieren die Rezepte dieses Buches kulinarische Genusserlebnisse und machen – in der richtigen Kombination – schön schlank.

Kräuter

Basilikum, Minze, Schnittlauch, Petersilie, Dill, Zitronenmelisse oder Majoran halten sich frisch im Töpfchen auf dem Fensterbrett. Sie geben jedem Gericht eine besondere Note und schmecken frisch geschnitten am besten. Wenn Sie immer die Hälfte der jungen Triebe und Kelchblätter stehen lassen, haben Sie lange Freude an Ihren Kräutern. Aromatische Mittelmeerkräuter wie Rosmarin, Lavendel und Thymian sollten auf dem Balkon stehen oder ausgepflanzt werden. Wenn Sie Kräuter im Bund kaufen, umwickeln Sie sie mit einem feuchten Küchenpapier und stecken Sie sie in einen Gefrierbeutel. Im Gemüsefach halten sie sich so drei bis fünf Tage.

Gemüse

Wer Gemüse schlau kombiniert, hat viel Gesundes auf dem Teller: Vitamine und Mineralstoffe, Ballaststoffe für die Darmgesundheit und sekundäre Pflanzenstoffe für ein starkes Immunsystem. Achten Sie beim Einkauf vor allem auf Frische, kaufen Sie saisonale und möglichst unbelastete Ware. Die Pestizidbelastung von Gemüse und Salat von europäischen Feldern ist auf Druck der Verbraucher in den letzten Jahren stark zurückgegangen. Saisonal geerntetes Gemüse hat die beste Ökobilanz und den höchsten Nährstoffgehalt. Denn die Transportwege sind nur kurz, und die Belastung des Grundwasser und der Böden durch Pestizide ist gering. Gemüsesorten wie Möhren, Sellerie oder Kürbis lassen sich gut auf Vorrat kaufen und kühl lagern. Wasserreiches Gemüse wie Tomaten, Paprikaschoten oder Gurken und Blattsalate sollten Sie immer so frisch wie möglich kaufen und essen. Dann sind sie vitalstoffreicher und schmecken besser. Dieses Gemüse – mit Ausnahme der Blattsalate – nicht zu kühl lagern. Bei Pilzen Exemplare mit Druckstellen vermeiden, hier kann sich Schimmel bilden. Vor der Verarbeitung sollten Sie Gemüse und auch Obst immer gründlich waschen und putzen.

Früchte

Sie bringen ebenso wie Gemüse eine attraktive Farbe, guten Geschmack und gleichzeitig gesundheitsfördernde Inhaltsstoffe auf den Teller. Frisch und roh oder schonend gegart verzehrt sind sie reich an immunstärkendem Vitamin C, das auch die Aufnahme von Eisen

Gemüse, das nach der Ernte keine weiten Wege zurücklegen muss, steckt voller Vitalstoffe und schmeckt knackfrisch.

aus der Nahrung verbessert. Obst verliert bei der Lagerung schnell Vitamine. Deshalb heimisches Obst möglichst saisonal kaufen. Und lassen Sie bei Obst eingeschweißte Ware lieber links liegen, denn unter den Folien verbreitet sich schnell Schimmel.

Exotische Früchte wie Ananas, Bananen oder Mangos kommen zwar von weit her, weisen aber meist kaum Rückstände aus Pestiziden auf. Der Grund: Kleine Bauern in Entwicklungsländern produzieren oft auf Bio-Niveau, weil die Spritzmittel dort sehr kostspielig sind. Bei Zitrusfrüchten sollten Sie auf Bio-Anbau achten und die Früchte vor der Verwendung gründlich heiß abspülen. Der Hinweis »nach der Ernte unbehandelt« trügt häufig, da die Spritzmittel meist direkt vor dem Pflücken eingesetzt werden. Übrigens: Tiefkühlware (ohne Zusatz von Zucker) ist im Zweifelsfall oft die bessere Wahl anstelle von unreifen oder zu reifen Früchten.

Die Schale von Bio-Zitronen und -Orangen ist gänzlich unbehandelt und liefert daher Geschmack pur.

Eier

Sie versorgen uns mit hochwertigem Eiweiß und vielen anderen wichtigen Stoffen. Eier liefern uns alle Eiweißbausteine, 20 verschiedene Aminosäuren, die der Körper zur Herstellung von Zellen, Enzymen und Antikörpern braucht. Außerdem enthalten Eier reichlich Vitamin A, E, B-Vitamine, Kalzium und Eisen. Dass sie den Cholesterinspiegel erhöhen und damit die Gefäße schädigen, gehört mittlerweile glücklicherweise ins Reich der Märchen.

Wichtig: Greifen Sie zu Bio-Eiern, sie sind am gesündesten »entstanden«. Kaufen Sie außerdem nur Eier, die einen gut sichtbaren Stempelcode tragen (0 steht für Bio, 1 für Freiland, 2 für Bodenhaltung, 3 für Kleingruppenhaltung). Ob weiß oder braun ist egal, die Farbe der Eier ist immer genetisch bedingt.

Käse

Schon in kleinen Mengen liefert Käse viel Geschmack und jede Menge Kalzium! Allerdings enthalten viele Sorten tierisches Lab. Vegetarischer Frischkäse, Schafkäse, verschiedene Weichkäsesorten, Schnittkäse und auch länger reifender Bergkäse werden hingegen mit einem Labersatzstoff – sogenanntem mikrobiellen Lab – hergestellt. Informationen darüber bekommen Sie an der Käsetheke oder auf der Internetseite der Hersteller. Parmesan und Grana Padano gibt es nur mit tierischem Lab. Für Veganer gibt es auch veganen Käse aus rein pflanzlichen Zutaten.

Milch und Milchprodukte

Quark, Joghurt, Kefir, saure Sahne, Buttermilch und Crème fraîche liefern Kalzium, hochwertiges Eiweiß sowie die Vitamine B_2 und B_{12}. Frischmilch, die bei 72–75° bis zu 30 Sekunden lang pasteurisiert wird, gibt es nur noch relativ selten im Kühlregal. Dafür bieten die Molkereien länger haltbare Milch an, die ungeöffnet und gekühlt bis zu drei Wochen frisch bleibt. Sie wurde auf 127° für zwei Sekunden erhitzt oder fein gefiltert. Auf diese Weise ist diese Milch weitgehend keimfrei. H-Milch wird noch höher erhitzt, sollte aber nach dem Öffnen in zwei bis drei Tagen verbraucht werden. Sie ist noch keimfreier, dafür aber etwas nährstoffärmer als die länger haltbare Milch.

Zum Abnehmen ideal sind fettarme Milch (1,5 % Fett) und fettarme Milchprodukte.

Ob Kühe mit gentechnisch verändertem Futter gefüttert wurden, muss auf der Packung nicht angegeben werden. Bio-Milch ist, was dies betrifft, die sicherste Variante.

Pilze

Champignons, Egerlinge, Austernpilze oder Pfifferlinge liefern reichlich Eiweiß, schmecken aromatisch und sind lecker zu Nudeln oder Reis oder in Wok-Gerichten. Getrocknete Pilze mit wertvollen immunstärkenden Inhaltsstoffen sind die chinesischen Shiitake- oder Mu-Err-Pilze.

Nüsse und Samen

Sie schmecken fein zu Salat und Gemüsegerichten und helfen, Ihre Mahlzeiten noch wertvoller zu machen. Haselnüsse, Mandeln, Pistazien und Walnüsse, Paranüsse, Sonnenblumen- und Kürbiskerne sowie Sesam- und Leinsamen enthalten neben viel Eiweiß auch ungesättigte Fettsäuren, B-Vitamine, Eisen, Selen und Kalzium.

Öle

Es gibt die unterschiedlichsten Geschmacksrichtungen: Am besten, Sie haben immer zwei Ölsorten im Vorrat. Die kalt gepressten Pflanzenöle aus Traubenkernen, Kürbiskernen oder Walnuss sind sehr aromatisch und

schmecken fein zu kalten und warmen Salaten sowie in Marinaden über Gemüse oder Tofu. Werden sie aber Licht und Luftsauerstoff ausgesetzt, oxidieren sie leicht und können dann sogar die Vitamin-E-Reserven des Körpers angreifen und so das Immunsystem schwächen. Raps-, Hanf- und Leinöl sind zudem ausgezeichnete Quellen für die gesunden Omega-3-Fettsäuren. Diese sind wichtig für die Gesunderhaltung des Gehirns, der Augen und des Herz-Kreislauf-Systems sowie für die Flexibilität der Gelenke. Auch Leinöl sollte nur kalt verwendet und nicht erhitzt werden. Neutraler schmecken Öle wie Weizenkeimöl oder Sonnenblumenöl, Rapsöl und Erdnussöl. Letztere beiden sind zum Erhitzen ideal.

Alle Öle liefern wichtige ungesättigte Fettsäuren. Das neue Eiweiß-Abendbrot enthält sehr nennenswerte Mengen Leinöl aus gelber und brauner Leinsaat.

Getreide

Kaum eine Nahrungsmittelgruppe ist vielseitiger. Bei der Ernährung nach dem Schlank-im-Schlaf-Prinzip kommt es vor allem morgens und mittags auf den Tisch.

Graupen – Der Feinschmecker kennt die geschälten und geschliffenen Gerstenkörner als Perlgraupen. Sie schmecken in Suppen und Eintöpfen, im Salat und als Beilage zu vegetarischen Gerichten.

Bulgur – Der vorgekochte, getrocknete und geschrotete Weizen schmeckt als Beilage oder kann mit Gemüse als Salat zubereitet werden.

Couscous – Aus der orientalischen Küche stammen diese aus Hartweizengrieß hergestellten Körnchen. Sie können gekocht oder gedämpft werden und schmecken auch als Beilage oder Salat.

Reis – Ihn gibt es als Rund-, Mittel- oder Langkorn, geschält und ungeschält, gekocht von relativ körniger bis hin zu sehr weicher

Konsistenz. Er schmeckt in Suppen, als Risotto, Milchreis oder als feine Beilage.

Hirse – Die gelben kleinen Körner sind schnell gar und enthalten eine Menge Vitamine und Mineralstoffe, insbesondere Eisen. Hirse vor der Zubereitung immer gut abspülen, da sie sonst bitter schmecken kann.

Amaranth und Quinoa – Diese Getreide sind hirseähnlich mit mild-nussigem Aroma und schmecken gut in Aufläufen, Suppen, als Beilage oder Füllung und auch in Süßspeisen.

Seitan (Weizenprotein) – Aus der chinesischen Küche stammt der Fleischersatz, der aus Weizeneiweiß hergestellt wird. Seine fleischartige Konsistenz und sein besonderes Aroma erhält Seitan durch kurzes Kochen der Rohmasse in einer Marinade, die in Asien normalerweise aus Algen, Sojasauce und Gewürzen besteht.

Gluten, eine Fraktion des Weizeneiweißes, ist jetzt auch in unserer Esskultur in großen Mengen verwendbar als Teigmasse für die neu entwickelten Eiweiß-Abendbrote (mehr: Seite 84f.).

Hülsenfrüchte

Diese eiweißreichen Ballaststoffträger stehen in der vegetarischen Küche hoch im Kurs. Zum Abnehmen sind sie ideal, weil sie lange satt halten.

Linsen – So bunt und vielfältig wie die Linsensorten sind auch ihre kulinarischen Möglichkeiten. Es gibt sie klein und groß, gelb, braun, grün, schwarz und rot. Geschmacklich unterscheiden sie sich ebenfalls sehr. Grüne Linsen sind frische – also ungelagerte – Hülsenfrüchte. Sie schmecken nussig und eignen sich für Salate, Bratlinge oder als Beilage. Die braunen, etwas größeren Tellerlinsen sind feinmehlig und schmecken süß und feinwürzig in Suppen, Eintöpfen, Bratlingen, Brotaufstrichen oder als Beilage. Sie haben eine relativ lange Garzeit. Berglinsen ähneln den braunen Linsen, sind aber kleiner, fester und mild vom Geschmack und garen schneller. Sie schmecken in Eintöpfen oder Aufläufen und keimen zu leckeren Sprossen. Gelbe Linsen sind geschälte grüne Linsen mit mildem, kaum linsentypischem Aroma. Sie garen in nur wenigen Minuten und sind ideal für Pürees, Suppen und Saucen. Rote Linsen sind geschälte Berglinsen, werden beim Garen schnell breiig und verfärben sich dabei ins Gelbliche. In Indien werden sie als Dal, eine Art Eintopf, zubereitet. Beluga-Linsen sind klein, schwarz, köstlich und sehr dekorativ.

Erbsen – Im Handel gibt es sie in Gelb mit leicht süßlichem Geschmack oder in Grün mit kräftigerem Aroma. Erbsen schmecken in Aufläufen, Suppen und deftigen Eintöpfen.

Bohnen – Schon in der Steinzeit wurden Bohnenkerne als Nahrungsmittel genutzt. Es gibt verschiedene Sorten, von weiß über rötlich bis schwarz, einfarbig oder gescheckt, von klein

Getreide enthält hochwertiges Eiweiß, welches das Ausgangsprodukt für Seitan und das neue Eiweiß-Abendbrot ist.

bis groß. Sie müssen alle vor dem Verzehr unbedingt erhitzt werden, denn roh sind sie nahezu unverdaulich!

Soja

Sojabohnen gehören zwar zu den Hülsenfrüchten. Da sie im Rahmen einer vegetarischen Ernährung aber eine herausragende Rolle spielen, ist ihnen hier ein eigener Abschnitt gewidmet. Sojabohnen sind einer der besten Eiweißträger unter den Hülsenfrüchten, reich an essenziellen Aminosäuren sowie Mineralstoffen wie Kalium, Magnesium, Eisen und Folsäure. Sie können außerdem vom Körper sehr gut verwertet werden. Sojabohnen schmecken in Suppen, Eintöpfen oder als Gemüsebeilage. Die Bohnen und Lebensmittel aus Soja (zum Beispiel Mehl, Sprossen oder Tofu) kommen vor allem in den Küchen Asiens zum Einsatz, weshalb man sie hierzulande in jedem Asialaden, darüber hinaus in Bioläden und gut sortierten Supermärkten. In der vegetarischen Küche finden Sie folgende Sojaprodukte:

Sojafleisch – Bei der Ölgewinnung aus Soja, fällt Sojaschrot an. Diese faserreiche, fettarme Masse wird industriell weiterverarbeitet zu sogenanntem Sojafleisch, das man in der Küche tatsächlich wie Hackfleisch, Geschnetzeltes oder Gulaschfleisch (je nach Größe der Stücke) verwenden kann. Auch Sojawürstchen werden aus Sojaschrot gemacht.

Sojamilch – Im Gegensatz zur Kuhmilch ist Sojamilch rein pflanzlich, sie wird aus gemahlenen Sojabohnen hergestellt. Sojamilch eignet sich zur Zubereitung von Joghurt, Eiscreme, Getränken oder Pudding. Es gibt sie in Natur, gesüßt oder aromatisiert.

Tempeh – Die kleinen Blöcke werden aus fermentiertem Soja hergestellt und schmecken nussig mit einer leicht säuerlichen Note. Tempeh ist sehr reich an Vitamin B_{12}, ein Vitamin, von dem Vegetarier oft zu wenig bekommen, da es fast ausschließlich in tierischen Eiweißquellen vorkommt.

Tofu – Der Sojabohnenquark aus dem Kühlregal ist schnittfest und enthält hochwertiges Eiweiß, jede Menge Vitamine B_1 und B_2, Magnesium, Kalzium sowie Eisen. Es gibt ihn neutral und gewürzt, geräuchert und mit Kräutern. Tofu ist ideal zum Braten, Frittieren oder als Suppen- und Gemüseeinlage, in Dips und Brotaufstrichen, aber auch für Kuchen und Gebäck. Seidentofu heißt die cremige, quarkweiche Variante. Sie schmeckt sehr fein als Dessert.

Sojasauce – Die Würzsauce wird aus Sojabohnen durch einen Gärprozess gewonnen und ist ein guter Salzersatz. Damit sie ihr Aroma behält, Sojasauce immer erst kurz vor dem Servieren den Speisen zugeben. Beim Kauf darauf achten, dass sie frei von Konservierungs- und Zusatzstoffen ist.

In verschiedenen Farben, Formen und Größen bereichern Bohnen, Erbsen und Linsen die vegetarische Küche.

Was darf ich essen? – Auswahltabelle

Morgens: Kohlenhydrate – ja! Tierisches Eiweiß –nein!

	KH	E	F	Energie	Portionsgröße
Brot und Backwaren		pro 100 g Nahrungsmittel			
Croissants	30 g	7 g	30 g	420 kcal	1 Stück = 50 g
Knäckebrot	66 g	10 g	2 g	318 kcal	1 Scheibe = 10 g
Mischbrot/Graubrot	48 g	6 g	1 g	226 kcal	1 Scheibe = 50 g
Rosinenbrötchen	48 g	7 g	8 g	297 kcal	1 Stück = 45 g
Vollkornbrot	41 g	8 g	1 g	204 kcal	1 Scheibe = 50 g
Vollkorntoastbrot	40 g	10 g	3 g	233 kcal	1 Scheibe = 30 g
weiße Brötchen	56 g	8 g	2 g	272 kcal	1 Stück = 50 g
Weizentoastbrot	48 g	7 g	5 g	260 kcal	1 Scheibe = 30 g
Eiweiß-Abendbrot	7 g	26 g	10 g	248 kcal	1 Scheibe = 30 g
Fette und Öle					
Butter	1 g	1 g	83 g	754 kcal	1 TL = 5 g
Halbfettbutter	+	5 g	41 g	385 kcal	1 TL = 5 g
Halbfettmargarine	+	2 g	40 g	368 kcal	1 TL = 5 g
Margarine	+	+	80 g	722 kcal	1 TL = 5 g
Pflanzenöl	0 g	0 g	99,8 g	899 kcal	1 EL = 10 g
Süße und pikante Brotaufstriche					
Erdbeerkonfitüre	63 g	+	0 g	256 kcal	1 TL = 10 g
Nuss-Nugat-Creme	60 g	4 g	30 g	522 kcal	1 TL = 10 g
Rübenkraut	37 g	1 g	0 g	273 kcal	1 TL = 10 g
Sojaaufstrich	6 g	8 g	20 g	237 kcal	30 g
Getreideprodukte					
Cornflakes	80 g	7 g	1 g	356 kcal	10 EL à 4 g = 40 g
Früchtemüsli	60 g	10 g	6 g	340 kcal	5 EL à 10 g = 50 g
Haferflocken	58 g	12 g	8 g	354 kcal	5 EL à 10 g = 50 g
Schokomüsli	60 g	10 g	12 g	390 kcal	5 EL à 10 g = 50 g
Früchte					
Apfel	11 g	+	+	54 kcal	1 Stück = 150 g
Banane	21 g	1 g	+	94 kcal	1 Stück = 125 g
Birne	12 g	1 g	+	55 kcal	1 Stück = 125 g
Erdbeere	6 g	1 g	+	32 kcal	125 g
Kirsche	13 g	1 g	+	63 kcal	125 g
Kiwi	10 g	1 g	+	50 kcal	1 gr. Stück = 100 g
Orange	8 g	1 g	+	42 kcal	1 Stück = 125 g
Pfirsich	10 g	1 g	+	43 kcal	1 Stück = 125 g
Weintraube	15 g	1 g	+	68 kcal	125 g

Alle Nährwerte sind gerundet.   +: Spuren des Nährstoffs vorhanden

Mittags: Kohlenhydrate – ja! Eiweiß – ja!

	KH	E	F	Energie	Portionsgröße
Getreideprodukte	pro 100 g Nahrungsmittel				
Eierteigwaren	70 g	13 g	3 g	347 kcal	100 g
Hartweizennudeln	75 g	13 g	1 g	362 kcal	100 g
Naturreis	73 g	7 g	2 g	343 kcal	10 EL à 10 g = 100 g
Reis, poliert	78 g	7 g	1 g	344 kcal	10 EL à 10 g = 100 g
Vollkornnudeln	64 g	15 g	3 g	343 kcal	100 g
Kartoffelprodukte					
Kartoffelknödel	25 g	2 g	+	108 kcal	1 Knödel = 90 g
Kartoffeln, gekocht	15 g	2 g	0 g	70 kcal	2-3 Stück = 200 g
Kartoffelpüree	13 g	2 g	3 g	92 kcal	200 g
Pommes frites (Backofen)	28 g	3 g	6 g	174 kcal	150 g
Süßkartoffeln, roh	24 g	2 g	1 g	108 kcal	1 gr. Stück = 175 g
Hülsenfrüchte, getrocknet					
Bohnen	40 g	22 g	2 g	262 kcal	100 g (roh)
Erbsen	41 g	23 g	1 g	269 kcal	100 g (roh)
Kichererbsen	49 g	20 g	3 g	304 kcal	100 g (roh)
Linsen	52 g	24 g	1 g	315 kcal	100 g (roh)
Gemüse/Rohkost					
Aubergine	3 g	1 g	+	17 kcal	1 mittelgr. Stück = 200 g
Blumenkohl/Brokkoli	2 g	3 g	+	20 kcal	200 g
Champignon	1 g	3 g	+	16 kcal	150 g
Eisbergsalat	4 g	3 g	+	40 kcal	50 g
Grünkohl	3 g	4 g	1 g	37 kcal	200 g
Kohlrabi	4 g	2 g	+	24 kcal	100 g
Lauch	3 g	2 g	+	25 kcal	250 g
Möhre	3 g	1 g	+	18 kcal	1 kl. Stück = 50 g
Paprikaschote	3 g	1 g	+	19 kcal	1 Stück = 150 g
Rotkohl	3 g	2 g	+	21 kcal	200 g
Salatgurke	2 g	1 g	+	12 kcal	1/2 Stück = 200 g
Spargel	1 g	2 g	+	13 kcal	200 g
Spinat	1 g	2 g	+	14 kcal	200 g
Tomate	3 g	1 g	+	17 kcal	1 mittelgr. Stück = 50 g
Zucchini	2 g	2 g	+	19 kcal	1 mittelgr. Stück = 125 g

Milchprodukte/Käse/Tofu
wie abends

Abends: Eiweiß – ja! Kohlenhydrate – nein!

	KH	E	F	Energie	Portionsgröße
		pro 100 g Nahrungsmittel			
Eiweiß-Abendbrot	7 g	26 g	10 g	248 kcal	1 Scheibe = 30 g
Milchprodukte					
Crème fraîche 40 % Fett	3 g	2 g	40 g	378 kcal	1 EL = 40 g
Joghurt 1,5 % Fett	5 g	3 g	1,5 g	47 kcal	1 kl. Becher = 150 g
Joghurt 3,5 % Fett	4 g	3 g	3,5 g	61 kcal	1 kl. Becher = 150 g
Saure Sahne 10 % Fett	4 g	3 g	10 g	117 kcal	1 EL = 30 g
Schlagsahne 30 % Fett	3 g	2 g	32 g	309 kcal	1 EL flüssig = 20 g
Schmand 24 % Fett	3 g	3 g	24 g	239 kcal	1 EL = 40 g
Käse					
Camembert 30 % F. i. Tr.	+	23 g	13 g	206 kcal	30 g
Camembert 60 % F. i. Tr.	+	17 g	33 g	366 kcal	30 g
Frischkäse 20 % F. i. Tr.	3 g	13 g	8 g	134 kcal	1 EL = 30 g
Frischkäse 60 % F. i. Tr.	3 g	5 g	25 g	255 kcal	1 EL = 30 g
Gouda 48 % F. i. Tr.	+	23 g	28 g	343 kcal	1 Scheibe = 30 g
Grillkäse (Halloumi)	3 g	22 g	25 g	321 kcal	60 g
Harzer/Korbkäse	+	30 g	1 g	126 kcal	30 g
Mozzarella 45 % F. i. Tr.	+	19 g	20 g	255 kcal	30 g
Quark, Magerstufe	4 g	14 g	0,3 g	73 kcal	1 EL = 30 g
Quark, 20 % F. i. Tr.	3 g	13 g	5 g	109 kcal	1 EL = 30 g
Schafkäse 45 % F. i. Tr.	+	17 g	19 g	236 kcal	30 g
Eier/Tofu/Seitan/Tempeh					
Ei (Hühnerei)	1 g	13 g	12 g	160 kcal	1 Stück = ca. 60 g
Tofu	2 g	9 g	5 g	85 kcal	125 g
Räuchertofu	4 g	19 g	9 g	175 kcal	125 g
Seitan	8 g	21 g	4 g	152 kcal	125 g
Tempeh	+	20 g	12 g	190 kcal	125 g
Gemüse/Rohkost					
wie mittags, jedoch nicht Zuckerreiches wie Möhren, Mais, Rübchen etc.					

Alle Nährwerte sind gerundet.   +: Spuren des Nährstoffs vorhanden

Was darf ich trinken? – Auswahltabelle

Immer: kalorienfreie bzw. nahezu kalorienfreie Getränke

Leitungswasser, nach Wunsch mit Ingwerscheiben/Zitronenscheiben • Mineralwasser, mit/ohne Kohlensäure, nach Wunsch aromatisiert • Kräutertee • schwarzer Tee • grüner Tee • Kaffee mit 2 TL Milch oder 1 TL Kondensmilch, Espresso

Energieliefernde Getränke für morgens:

	KH	E	F	Energie	Portionsgröße
		pro 100 g Nahrungsmittel			
Ananassaft	13 g	+	+	59 kcal	1 Glas = 200 ml
Apfelsaft	12 g	+	+	57 kcal	1 Glas = 200 ml
Grapefruitsaft	10 g	1 g	+	47 kcal	1 Glas = 200 ml
Orangensaft	9 g	1 g	+	44 kcal	1 Glas = 200 ml
Saftschorle (Apfel)	5 g	+	+	25 kcal	1 Glas = 200 ml
Sojamilch	6 g	4 g	2 g	52 kcal	1 Glas = 200 ml

Energieliefernde Getränke für mittags:*

	KH	E	F	Energie	Portionsgröße
		pro 100 g Nahrungsmittel			
Buttermilch	4 g	4 g	0,5 g	35 kcal	1 Glas = 200 ml
Colagetränk	11 g	0 g	0 g	57 kcal	1 gr. Glas = 500 ml
Diät-Fruchtsaftgetränk	4 g	1 g	+	23 kcal	1 Glas = 200 ml
Gemüsesaft	3 g	2 g	+	22 kcal	1 Glas = 150 ml
Kefir 1,5 % Fett	4 g	3 g	2 g	50 kcal	1 Glas = 200 ml
Kuhmilch 1,5 % Fett	5 g	3 g	1,5 g	47 kcal	1 Glas = 200 ml
Kuhmilch 3,5 % Fett	5 g	3,3 g	3,5 g	64 kcal	1 Glas = 200 ml
Limonade	12 g	0 g	0 g	49 kcal	1 gr. Glas = 500 ml
Molke, süß	5 g	1 g	+	25 kcal	1 Glas = 200 ml
Orangensaft	9 g	1 g	+	44 kcal	1 Glas = 200 ml
Saftschorle (Apfel)	5 g	+	+	25 kcal	1 Glas = 200 ml
Tomatensaft	2 g	1 g	+	15 kcal	1 Glas = 150 ml

Energieliefernde Getränke für abends:*

	KH	E	F	Energie	Portionsgröße
		pro 100 g Nahrungsmittel			
Buttermilch	4 g	4 g	0,5 g	35 kcal	1 Glas = 200 ml
Colagetränk, light	+	0 g	0 g	‹1 kcal	1 Glas = 200 ml
Kefir 1,5 % Fett	4 g	3 g	2 g	50 kcal	1 Glas = 200 ml
Kuhmilch 1,5 % Fett	5 g	3 g	1,5 g	47 kcal	1 Glas = 200 ml
Kuhmilch 3,5 % Fett	5 g	3,3 g	3,5 g	64 kcal	1 Glas = 200 ml
Limonade, light	0 g	0 g	0 g	3 kcal	1 Glas = 200 ml
Molke, süß	5 g	1 g	+	25 kcal	1 Glas = 200 ml

* Für den Genussmenschen, der mittags oder abends auf seinen Wein oder sein Bier nicht verzichten möchte, sind darüber hinaus 0,2 Liter Wein oder 0,3 bis 0,5 Liter Bier (mit oder ohne Alkohol) täglich erlaubt.

Vegetarische
Rezepte
für Genießer

Frühstück –
Guten Morgen!

Abnehmen mit der Insulin-Trennkost ist einfach. Es gibt nur wenige Regeln zu beherzigen, die gehen Ihnen aber schon nach wenigen Tagen schnell in Fleisch und Blut über.

Regel 1 – Sie ernähren sich so, wie es Ihrem Biorhythmus gut tut und wie es Ihrem individuellen Stoffwechseltypus entspricht. So bringen Sie langsam aber sicher Ihre Pfunde zum Purzeln: Es gibt drei Mahlzeiten pro Tag. Dazwischen halten Sie Essenspausen ein, sodass sich Ihr Insulinspiegel normalisieren kann und Sie ein natürliches Hungergefühl entwickeln. Die erste Mahlzeit gibt es morgens, etwa fünf Stunden später Mittagessen (siehe Seite 46ff.) und nach der nächsten Pause Abendessen (Seite 82ff.).

Regel 2 – Hungern ist streng verboten! Sie nehmen (als Frau) täglich zwischen 1600 und 2200 Kilokalorien zu sich (individueller Energiebedarf = [Gewicht in kg x 24 x 0,9] x 1,2). Etwa 50 Prozent der Kalorien stammen dabei aus Kohlenhydraten, etwa 30 Prozent aus Fetten und ungefähr 20 Prozent aus Eiweiß. Diese Nährstoffmengen sind auf drei Mahlzeiten verteilt, und die Rezepte sind entsprechend berechnet. Gegen Heißhungerattacken, die während der Umstellungsphase durchaus auftreten können, sorgen Sie bitte vor, indem Sie immer einen kleinen Eiweiß-Vorrat von Notfall-Lebensmitteln im Kühlschrank, in der Handtasche oder in der Schreibtischschublade haben (siehe Seite 47).

Kohlenhydrate für einen guten Start in den Tag

Auch wenn Sie zu den überzeugten Nicht-Frühstückerinnen gehören: Abnehmen geht mit Frühstücken viel leichter, außerdem starten Sie energiegeladen in den Tag, sind vormittags konzentriert und leistungsfähig und bekommen erst gegen Mittag wieder Hunger. Morgens brauchen Ihre grauen Zellen nach der nächtlichen Schlaf- und Fastenphase dringend Zucker. Den bekommen Sie aus Müsli (Getreidestärke), Obst (Frucht- und Traubenzucker) oder Brot (Getreidestärke). Jetzt gibt es den Löwenanteil an Kohlenhydraten, den Sie bis zum nächsten Morgen brauchen. Das sind je nach BMI 75 bis 125 Gramm (siehe Seite 17). Das Frühstück bei der Insulin-Trennkost ist außerdem seit jeher vegetarisch, da die Bauchspeicheldrüse morgens von der Mischung aus tierischem Eiweiß (beispielsweise aus Aufschnitt oder Käse) und Kohlenhydraten gefordert ist. Schließlich sorgt dieser Mix für eine enorme Insulinreaktion. Und ein hoher Insulinanstieg macht im Zweifelsfall schnell wieder hungrig.

Den Insulinspiegel flach halten

Damit das Essen im 3-Mahlzeiten-Rhythmus schnell zur Gewohnheit wird und Sie durch die empfohlenen Nährstoffkombinationen Ihre Fettreserven einschmelzen können, heißt es von morgen an: Hungern verboten. Kohlenhydrate pur sind großartige Energielieferanten, machen aber – um diese Tageszeit genossen – nicht dick.
Um das Insulin schön flach zu halten, heißt die perfekte Kombination zum Frühstück: Die Kohlenhydratlieferanten, also Brot und Brötchen oder Müsli, immer zusammen mit etwas Fett verzehren. Das stammt aus vegetarischen Brotaufstrichen, Butter, Margarine oder Erdnussbutter.

INFO

Mit dem richtigen Essen gut abnehmen

Für einen optimalen Start in den Tag brauchen Sie zum Frühstück mindestens 75 bis 100 Gramm Kohlenhydrate! Sollte der Abnehmerfolg stagnieren, sind die Ursachen meist: Diät-Vorschäden, zu kleine Portionen, der Verzicht auf Kohlenhydrate, ein langsamer werdender Stoffwechsel in den Wechseljahren sowie zu hohe Insulinspiegel bei stärkerem Übergewicht, wodurch trotz der abendlichen Eiweißmahlzeit der Fettabbau blockiert wird. In letzterem Fall kann Ihnen der folgende Mahlzeitenrhythmus helfen: Zum Frühstück 100 Gramm (3 Scheiben) Eiweiß-Abendbrot mit pflanzlichem Aufstrich oder fettarmem Frischkäse, mittags Kohlenhydrat-Mischkost und abends eine Eiweißmahlzeit (wahlweise auch noch einmal mit Eiweiß-Abendbrot).

Frühstücken macht Laune

Ja, die Brotmengen, die morgens auf dem Programm stehen, muten wahrlich gewaltig an. Besonders für viele Frauen stellen sie eine echte Herausforderung dar. Wir stellen Ihnen deshalb auf den folgenden beiden Seiten mögliche Frühstückskombinationen aus süßen und pikanten Brotfrühstücken sowie Müslimischungen vor, die durchaus zu bewältigen sind und die Sie, falls frühmorgens einfach noch zu früh ist, auch mitnehmen können. Hier findet bestimmt jeder ein schmackhaftes Frühstück. Achten Sie danach aber bitte auf eine ausreichend lange Essenspause bis zum Mittagessen.

Frühstücks-Baukasten

Ihren Kohlenhydratebedarf haben Sie ermittelt (siehe Seite 17). Bis zu einem BMI von 25 sind mindestens 75 Gramm Kohlenhydrate zum Frühstück optimal. Wenn Sie mehr Gewicht auf die Waage bringen und damit einen höheren BMI haben, steigen Sie mit 100 Gramm ein. Erst wenn Ihr BMI deutlich gesunken ist (unter 27), passen Sie den Kohlenhydratebedarf wieder entsprechend an. Zudem sollten Sie morgens zwischen 20 und 25 Gramm Fett verzehren. Damit Sie Ihr Frühstück problemlos zusammenstellen können, haben wir Ihnen die passenden Mengen in diesem Frühstücksbaukasten mit Getränkeempfehlungen zusammengestellt. Kombinieren Sie nach Lust und Laune.

Der Klassiker: Brotfrühstück

Brot & Gebäck (je ca. 50 g KH)

1 Baguettebrötchen (100 g)

2 Scheiben Bauernbrot (100 g)

2 Croissants (120 g)

7 Scheiben Knäckebrot (70 g)

1–2 Laugenbrezeln, je nach Größe (100 g)

1–2 Laugenbrötchen, je nach Größe (100 g)

1–2 Laugenstangen, je nach Größe (100 g)

2 Milchbrötchen (100 g)

2 ½ Scheiben Mischbrot (100 g)

3 Scheiben Roggenbrot (120 g)

2 Roggenbrötchen (100 g)

2 Rosinenbrötchen (100 g)

2 ½ Scheiben Vollkornbrot (125 g)

1 ½ Vollkornbrötchen (120 g)

2 ½ Scheiben Weißbrot (100 g)

3–5 Scheiben Weizentoast (100 g)

2 Weizenbrötchen (100 g)

7 Scheiben Zwieback (70 g)

3–4 Scheiben Pumpernickel (120 g)

Süße Aufstriche (je ca. 13 g KH)

2 TL Fruchtkonfitüre

2 TL Orangenmarmelade

2 TL Honig

2 TL Nuss-Nugat-Creme

2 TL Pflaumenmus

2 TL Rübenkraut

Herzhafte Aufstriche (1 EL entspricht 10 g)

5 EL vegetarischer Brotaufstrich = 20 g Fett

2 ½ EL Butter = 20 g Fett

2 ½ EL Erdnussbutter, gesalzen = 20 g Fett

2 ½ EL Pflanzenmargarine = 20 g Fett

Dazu: frische Früchte (je 13 g * bzw. 25 g KH)

200 g Ananas

2 kleine Äpfel

6 Aprikosen

1 mittelgroße Banane

2 kleine Birnen

250 g Beeren *

1 Grapefruit

½ kleine Honigmelone

1 ½ Kiwi *

2–3 Mandarinen *

1 Mango (ca. 200 g) *

1 Pfirsich *

1 große Orange *

75 g Weintrauben *

... oder Gemüserohkost (je ca. 5 g KH)

½ Kohlrabi

1 Tomate

¼ Salatgurke (100 g)

½ Paprika

4 Radieschen

Energiegeladen mit Müsli & Co.

Die Getreidebasis (je ca. 50 g KH)

60 g Cornflakes, ohne Zucker

60 g Cornflakes, gesüßt

8 EL Flockenmischung (80 g)

8 EL Fruchtmüsli, ungesüßt (85 g)

8 EL Getreideschrot (80 g)

8 EL kernige Haferflocken (80 g)

7 EL Knuspermüsli

8 EL Mehrkornflocken (80 g)

8 EL Schokomüsli (85 g)

4 Stück Weetabix (75 g)

60 g Weizen- bzw. Dinkelpops

Trockenobst (je 20–25 g KH)

30 g Ananas

40 g Apfelringe

50 g Aprikosen

40 g Bananenchips

5 Datteln

5 Feigen

30 g Papaya

5 Pflaumen (50 g)

30 g Rosinen

Damit wird angerührt (je 20–25 g KH)

200 ml Ananassaft

250 ml Apfelsaft

300 ml Grapefruitsaft

200 ml Multivitaminsaft

250 ml Orangensaft

200 ml Sauerkirschsaft

150 ml Traubensaft

3 EL Sahne = 10 g Fett

150 g Sojamilch, ungesüßt = 2,5 g Fett

250 g Vanille-Sojamilch (100 ml/4–6 g Zucker)

Nüsse (1 Portion einmal am Tag, wahlweise abends, je 10 g Fett)

25 Cashewkerne

2 EL Kürbiskerne

6 TL Leinsamen

15 Haselnüsse

15 Mandeln

4 TL Sonnenblumenkerne

7 Walnüsse

Getränke zum Frühstück

Wasser, mit oder ohne Kohlensäure

aromatisiertes Mineralwasser (mit Frucht-extrakten)

Ingwer- oder Zitronenwasser

Tee (z. B. grüner Tee, schwarzer Tee, Kräuterteemischungen) mit oder ohne Zucker oder Honig

schwarzer Kaffee oder Espresso mit oder ohne Zucker

1 Tasse Kaffee mit 2 TL Soja- oder Kuhmilch mit oder ohne Zucker

1 Tasse Kaffee mit 1 TL Kondensmilch oder fettarmer Sahne mit oder ohne Zucker

1 Glas Sojamilch mit oder ohne Vanille- oder Schokoladenaroma

1 Glas Orangen-, Grapefruit-, Apfel-, Trauben- oder Ananassaft (mit oder ohne Wasser)

Dattel-Zimt-Müsli

2 EL Haselnusskerne | 6–7 EL gemischte Getreideflocken (ca. 50 g) | ½ TL Zimtpulver | 8 getrocknete Datteln | 1 Becher Soja-Joghurt »natur« (150 g) | 1 EL Honig

Für 1 Person | ⊙ 10 Min. Zubereitung
Pro Portion 632 kcal, 18 g EW, 21 g F, 93 g KH

1 Die Haselnusskerne grob hacken und in einer kleinen Pfanne ohne Fettzugabe unter Wenden kurz hellbraun rösten. Anschließend mit den Getreideflocken und dem Zimtpulver mischen.

2 Die Datteln entkernen und klein schneiden. Den Soja-Joghurt mit dem Honig verrühren. Alles zusammen anrichten.

VARIANTEN: Statt mit Datteln können Sie die Getreideflocken immer wieder mit anderen Trockenfrüchten mischen. Probieren Sie als **Exoten-Variante** getrocknete Ananas und Mango, als **einheimische Version** getrocknete Äpfel, Aprikosen und Pflaumen. Greifen Sie bevorzugt zu ungeschwefelten Früchten. Die sehen zwar oft weniger schön aus, sind aber gesünder.

Früchte-Flocken-Müsli

500–600 g gemischte Früchte (z. B. Apfel, Orange, Mango) | 2 EL Walnusskerne | 5–6 EL gemischte Getreideflocken oder kernige Haferflocken (ca. 50 g) | 250 ml Smoothie

Für 1 Person | ⊙ 10 Min. Zubereitung
Pro Portion 670 kcal, 19 g EW, 23 g F, 91 g KH

1 Die gemischten Früchte waschen und trocken reiben, putzen und das Fruchtfleisch klein schneiden. Die Walnusskerne grob hacken und in einer Schale mit den Getreideflocken mischen.

2 Die Fruchtwürfel zur Nuss-Getreide-Mischung geben. Den Smoothie darübergießen und das Müsli sofort genießen.

VARIANTEN: Der perfekte Start in den Tag, immer wieder anders. Welche Früchte haben gerade Saison? Welche schmecken Ihnen am besten? Genießen Sie, was frisch zur Verfügung steht, und sorgen Sie für Abwechslung. Auch bei den Getreideflocken und beim Smoothie bieten sich verschiedene Möglichkeiten – so wird das Power-Frühstück nie langweilig.

Bunter Obstsalat mit Honigflocken

1 Banane | 1 EL Zitronensaft | 100 g kernlose Weintrauben | 1 Grapefruit | 1 Orange | 1 TL Butter | 40 g kernige Haferflocken | 1 EL Honig | 1 Becher Soja-Joghurt »natur« (150 g) | 1 TL Vanillezucker

Für 1 Person | ⓘ 10 Min. Zubereitung
Pro Portion 621 kcal, 17 g EW, 13 g F, 106 g KH

1   Die Banane schälen und in Scheiben schneiden, diese sofort mit Zitronensaft beträufeln. Die Weintrauben waschen, von den Stielen zupfen und eventuell halbieren. Die Grapefruit und die 1 Orange filetieren oder schälen und klein schneiden. Alle Früchte in einer Schüssel mischen.

2   Die Butter in einer kleinen beschichteten Pfanne zerlassen. Die Haferflocken darin anrösten. Den Honig dazugeben und die Flocken leicht karamellisieren.

3   Den Joghurt mit dem Vanillezucker verrühren und zum Obstsalat geben. Die karamellisierten Haferflocken darüberstreuen.

Orangenteller mit Ahornsirup

2 Orangen | 1 Becher Soja-Joghurt »natur« (150 g) | 1 TL Vanillezucker | 2 EL Ahornsirup (oder flüssiger Honig) | 30 g Cashewkerne | 1 EL getrocknete Cranberrys (oder Rosinen) | 1 Glas Multivitaminsaft (250 ml)

Für 1 Person | ⓘ 10 Min. Zubereitung
Pro Portion 725 kcal, 18 EW, 30 F, 88 KH

1   Die Orangen rundherum so schälen, dass dabei auch die weiße Haut vollständig entfernt wird. Das Fruchtfleisch dann quer in Scheiben schneiden.

2   Den Soja-Joghurt mit Vanillezucker und Ahornsirup verrühren. Die Cashewkerne grob hacken, in einer Pfanne ohne Fettzugabe goldbraun rösten.

3   Die Orangenscheiben auf einem Teller anrichten, die Joghurt-Ahornsirup-Creme darüberträufeln. Die gerösteten Cashewkerne und die Cranberrys darüberstreuen. Dazu den Multivitaminsaft genießen.

Sonnenblumenkern-Curry-Creme

100 g Sonnenblumenkerne | 1 EL Curry-pulver | 100 g Soja-Joghurt | Salz | schwarzer Pfeffer aus der Mühle | 2–3 EL Limettensaft | ½ Bund Petersilie

Außerdem: elektrische Nussmühle

Für 4 Portionen | ⏲ 15 Min. Zubereitung
Pro Portion 152 kcal, 6 g EW, 12 g F, 4 g KH

1 Die Sonnenblumenkerne in einer kleinen beschichteten Pfanne ohne Fettzugabe goldbraun rösten, aber nicht zu dunkel werden lassen. Zuletzt das Currypulver darüberstreuen und mit anschwitzen. Anschließend 3–4 EL der Kerne beiseitelegen, den Rest mit der Nussmühle mahlen.

2 Die gemahlenen Sonnenblumenkerne mit dem Soja-Joghurt verrühren, mit Salz, Pfeffer und Limettensaft abschmecken. Die Petersilie waschen und trocken tupfen, die Blättchen abzupfen und fein hacken, unter die Creme rühren. Die ganzen Kerne aufstreuen oder untermischen.

Süßkartoffel-Aufstrich

300 g Süßkartoffeln | Salz | schwarzer Pfeffer aus der Mühle | 1 EL Olivenöl | 1 EL Ahornsirup | ½ Becher Soja-Joghurt »natur« (62,5 g) | 2 EL gehackte Petersilie (frisch oder TK)

Für 4 Portionen | ⏲ 25 Min. Zubereitung
Pro Portion 94 kcal, 2 g EW, 4 g F, 12 g KH

1 Die Süßkartoffeln schälen, klein würfeln und mit wenig Wasser in einen kleinen Topf geben. Leicht salzen, aufkochen und zugedeckt in ca. 10 Min. garen.

2 Die Süßkartoffeln abgießen und durch die Kartoffelpresse drücken. Pfeffer, Olivenöl, Ahornsirup, Soja-Joghurt und die Petersilie darunterrühren. Die Creme mit Salz und schwarzem Pfeffer abschmecken.

VARIANTE: Der Süßkartoffel-Aufstrich schmeckt auch in einer **süßen Version**. Würzen Sie dafür die gegarten Kartoffeln mit etwas Zimtpulver oder mit gemahlener Vanille, und verwenden Sie 2–3 EL Ahornsirup.

Orangen Schokoladen-Creme

1 Bio-Orange | 100 g Zartbitter-Kuvertüre |
2 EL Puderzucker | 2 EL neutrales Pflanzenöl

Außerdem: Glas mit Deckel (á 200 ml)

Für 6 Portionen | 🕐 15 Min. Zubereitung
Pro Portion 140 kcal, 1 g EW, 7 g F, 12 g KH

1 Die Orange heiß abwaschen und gründlich trocken reiben. Die Schale fein abreiben und 2 EL Saft auspressen. Kuvertüre grob hacken und im warmen Wasserbad unter gelegentlichem Rühren schmelzen lassen.

2 Orangensaft, Orangenschale, Puderzucker und das Öl gründlich unter die geschmolzene Kuvertüre rühren, bis alles gut vermischt ist. In das Glas abfüllen, dieses verschließen und die Creme im Kühlschrank aufbewahren.

TIPP: Dies ist eine besonders feine Alternative zur beliebten Nuss-Nugat-Creme. Bereiten Sie doch einfach eine größere Menge zu, und verschenken Sie ein kleines Glas an eine liebe Freundin.

Schneller Tofu-Birnen-Aufstrich

200 g Tofu | 125 g Quittengelee |
2 kleine feste Birnen | 2 EL Zitronensaft |
gemahlene Vanille

Für 6 Portionen | 🕐 15 Min. Zubereitung
Pro Portion 105 kcal, 5 g EW, 2 g F, 16 g KH

1 Den Tofu zusammen mit dem Quittengelee fein pürieren oder mit einer Gabel kräftig verrühren.

2 Die Birnen schälen und ohne die Kerngehäuse grob raspeln, die Raspel sofort mit dem Zitronensaft beträufeln.

3 Die Birnenraspel unter die Tofu-Quitten-Creme rühren und alles mit 1 Prise gemahlener Vanille abschmecken.

VARIANTE: Schmeckt und klappt natürlich auch mit Äpfeln statt mit Birnen. Und für beide gilt: Je aromatischer die Früchte, desto besser schmeckt dann auch die fertige Creme.

Kornspitz mit Tomaten und Basilikumcreme

1 Handvoll Basilikumblättchen | 100 g
Tofu | Salz | schwarzer Pfeffer aus der
Mühle | 1–2 TL Zitronensaft | 2 Tomaten |
2 Kornspitz-Brötchen (je ca. 70 g) | 1 EL
Butter | 250 ml Orangensaft

Für 1 Person | ⊚ 10 Min. Zubereitung
Pro Portion 725 kcal, 28 g EW, 25 g F, 93 g KH

1 Das Basilikum waschen und trocken
tupfen. Einige Blättchen zum Garnieren
beiseitelegen, die übrigen Blättchen zusammen mit dem Tofu kräftig verrühren. Mit
Salz, Pfeffer und Zitronensaft abschmecken.
Die Tomaten waschen, trocken tupfen und
ohne Stielansätze in Scheiben schneiden.

2 Die Brötchen halbieren, mit Butter bestreichen. Basilikumcreme und Tomaten
darauf verteilen. Dazu den Saft genießen.

VARIANTE: Statt der Brötchen können Sie auch
Vollkornbrot nehmen – das sättigt noch etwas besser als die Kornspitz-Brötchen.

Toast mit Curry-Ananas

1 große rote Paprikaschote | 2–3 Salat-
blätter | 2 EL Halbfett-Butter | 2 große
Scheiben Ananas | 1 EL Currypulver |
Salz | schwarzer Pfeffer aus der Mühle |
4 Scheiben Vollkorntoast | 200 ml Mango-
oder Ananassaft

Für 1 Person | ⊚ 15 Min. Zubereitung
Pro Portion 650 kcal, 15 g EW, 21 g F, 97 g KH

1 Die Paprikaschote waschen und trocken
reiben. Halbieren, Stielansätze und Kerne
entfernen, die Hälften dann in feine Streifen
schneiden. Die Salatblätter waschen und
gründlich trocken tupfen.

2 1 EL Butter in einer beschichteten Pfanne
aufschäumen. Ananasscheiben hineinlegen,
Currypulver darüberstäuben, die Ananas
von beiden Seiten goldbraun braten. Mit
Salz und Pfeffer würzen, abkühlen lassen.

3 Die Toastscheiben toasten, mit der übrigen Butter bestreichen. Je zwei Scheiben
mit Salat, Paprika und Ananas dazwischen
zusammensetzen. Dazu den Saft genießen.

Knusprige Ahornsirup-Brote

2 Birnen | 2 EL Zitronensaft | 1 TL Vanille-zucker | 2 EL Halbfett-Butter | 6 Scheiben Baguette (je ca. 20 g) | 2 EL Ahornsirup

Für 1 Person | ⊕ 10 Min. Zubereitung
Pro Portion 694 kcal, 12 g EW, 18 g F, 121 g KH

1 Die Birnen waschen und gut trocken reiben. Eine Birne grob raspeln, dabei Stielansatz und Kerngehäuse aussparen. Die Raspel sofort mit 1 EL Zitronensaft be-träufeln und mit Vanillezucker mischen. Die andere Birne vierteln, entkernen und in Spalten schneiden, mit dem restlichen Zitronensaft beträufeln.

2 Die Butter in einer beschichteten Pfan-ne bei mittlerer Hitze aufschäumen. Die Baguettescheiben darin von beiden Seiten goldbraun braten, dabei gegen Ende mit dem Ahornsirup beträufeln. Auf einen Teller geben, die geraspelten Birnen darauf vertei-len und mit den Birnenspalten anrichten.

Süßes Nuss-Möhren-Brot

1 große Möhre | 1 EL Agavendicksaft (oder Honig) | 2 EL Zitronensaft | 2 EL Rosinen | 1 Apfel | 1–2 EL Haselnuss- oder Walnuss-kerne | 2 Scheiben Rosinen-Stuten (je ca. 60 g) | 1 EL Butter

Für 1 Person | ⊕ 15 Min. Zubereitung
Pro Portion 714 kcal, 12 g EW, 25 g F, 107 g KH

1 Die Möhre schälen und grob raspeln, mit Agavendicksaft und 1 EL Zitronensaft in einen Topf geben. Alles langsam erwärmen, dann 1–2 Min. sanft köcheln lassen. Die Rosinen untermischen, abkühlen lassen.

2 Den Apfel waschen und trocken reiben. Vierteln, entkernen und in Spalten schnei-den, sofort mit dem restlichen Zitronensaft beträufeln. Die Nüsse grob hacken und in einer kleinen beschichteten Pfanne ohne Fettzugabe leicht rösten, bis sie duften.

3 Die beiden Brotscheiben dünn mit der Butter bestreichen. Möhrenraspel, Apfel-spalten und die Nüsse darauf verteilen.

Mittagessen — frisch, bunt und einfach lecker

Zwischen 11 und 16 Uhr ist Ihr Stoffwechsel biorhythmisch gesehen auf Aktivität eingestellt. Jetzt sind Sie leistungsfähig und haben Lust auf Bewegung, vorausgesetzt, Sie essen das Richtige. Deshalb gibt es etwa fünf Stunden nach dem Frühstück Nachschub, und der sieht in der vegetarischen Variante nicht nur besonders köstlich und vielfältig aus, sondern ist auch sehr gesund: In einer USA-Studie 2011 mit 7000 Sieben-Tage-Adventisten war die Diabetesrate bei den strengen Vegegariern um 70 Prozent verringert, bei den Ovo-Lacto-Vegetariern um 53 Prozent.

Jetzt gibt es stärkehaltige Lebensmittel, das sind Kartoffeln, Nudeln und alle Getreidearten, in Kombination mit den Eiweißlieferan-ten Erbsen, Bohnen und Linsen, Tofu und Tempeh, Quark, Joghurt, Käse und Eiern. Jetzt gibt es Aufläufe und Pizza, Salate und Risotti, Klößchen und Gnocchi, Polenta und Couscous für jeden Geschmack, denn aromatisch und fein werden alle Gerichte durch Kräuter, Gewürze und saisonale Gemüse. Zum Dessert darf es dann gerne ein Stück Kuchen, ein Obstgratin oder ein Eis sein.

Wenn Sie schnell abnehmen möchten, damit Sie wieder besser in Ihre Jeans passen, setzen Sie mittags ganz auf Eiweiß und lassen Pasta & Co., Kartoffeln oder Reis weg. Sie können auch abwechseln und einen Tag mittags eine reine Eiweißmahlzeit zu sich nehmen und am anderen wieder Kohlenhydrat-Mischkost.

Stress, lass nach

In den Stunden zwischen dem Vor- und Nachmittag spielt sich Tag für Tag am meisten ab. Die Stressbelastung kann jetzt sehr hoch sein. Egal, ob Büroalltag mit Terminen, Besprechungen, Telefonaten und Mails, Geschäftsreisen oder das ganz normale Haushaltsmanagement mit kleinen Kindern, Arztterminen, Putzen, Aufräumen, Kochen und Hausaufgaben mit Schulkindern. Langeweile kommt dabei selten auf, Mußestunden zum Beine hochlegen sind rar.

Solange der positive Stress – wissenschaftlich Eustress genannt – überwiegt und Sie die jeweilige Situation gut im Griff haben, ist alles in Ordnung. Dieser Eustress ist nicht nur unschädlich, sondern wirkt sogar vitalisierend, bereitet Freude und Lustgefühle und wirkt wie eine Art Lebenselixier. Eustress-Erfahrungen lassen sich in Partnerschaft und Familie ebenso finden wie zusammen mit Freunden bei gemeinsamen Gesprächen und Unternehmungen, bei einem schönen gemeinsamen Frühstück, einem Spaziergang, bei Spiel und Tanz, Musik und Sport ohne Leistungsdruck. Auch Arbeit kann unter bestimmten Voraussetzungen Eustress erzeugen, wenn sie ohne äußere Zwänge und Termindruck erledigt wird und wenn man das Ergebnis als sinnvoll und befriedigend erfährt. Leider treffen diese Bedingungen im Berufsalltag nicht immer zu.

Negativer Stress macht dick

Überwiegt der negative Stress (Distress) und Sie haben ständig das Gefühl von »Land unter«, dann müssen Sie die Bremse ziehen. Unter Stress neigen viele Menschen dazu, entweder zu futtern (am liebsten Süßes zur Nervenberuhigung) und/oder sie sind so unter Druck, dass sich nach einer Hauptmahlzeit kein Sättigungsgefühl einstellen will. Die Kombination einer ungünstigen Ernährungs-

NOTFALLKOFFER

Für den kleinen Hunger

Der kleine Notfallvorrat aus kalorienarmen Eiweiß-Snacks für Kühlschrank, Handtasche oder Büroschublade ist sehr hilfreich, wenn Sie die Pausen zwischen den Hauptmahlzeiten, insbesondere während der Umgewöhnungsphase, als zu lang empfinden.

► 1 hart gekochtes 10-Minuten-Ei, je nach Geschmack mit oder ohne Salz – wirkt unmittelbar gegen beißenden Hunger

► 1 Becher Hüttenkäse (200 g), nach Belieben mit Süßstoff oder Stevia oder mit Gewürzen bzw. Kräutern aromatisiert

► 1 Harzer Käse (100 g), z. B. mit Essig-Öl-Zwiebel-Dressing

► 1 Becher Magerquark (200 g)

► Rohkost (z. B. Gurkenscheiben, Paprikastreifen oder Tomatenscheiben

► 5 Nüsse, v. a. Mandeln oder Paranüsse

► klare Suppe: Ideal sind Bouillons aus Gemüsebrühe (gibt es körnig oder als Würfel). Sie können die Bouillon nach Belieben mit ein paar blättrig geschnittenen Champignons anreichern oder ein rohes Ei darin verquirlen.

► Götterspeise in verschiedenen Geschmacksrichtungen. Gesüßt wird nur mit Süßstoff oder Stevia, sonst wird die Insulinpause unterbrochen und der Erfolg der Trennkost bleibt aus.

► Eiweißriegel (gibt es u. a. zu bestellen, s. Seite 141)

► ebenfalls hilfreich ist ein großes Glas Wasser oder ein Becher Tee

weise mit Bewegungsarmut im Alltag ist fatal. Das Stoffwechselgleichgewicht gerät dabei unweigerlich aus den Fugen: Die durch dauerndes Sitzen auf dem Bürostuhl oder dem Autositz »stillgelegten« Muskeln, die normalerweise dafür zuständig sind, die mit der Nahrung aufgenommene Energie oder das Speicherfett im Körper zu verbrauchen, nehmen zu Beginn einer Stressphase nur noch Zucker und Fette auf. Ihre Speicherkapazität ist jedoch beschränkt. Denn entweder sind sie nach der letzten Mahlzeit noch gut gefüllt oder grundsätzlich darauf programmiert, nur wenige Kalorien zu verbrauchen. So kommt es auf Dauer durch das Überangebot an Nährstoffen dazu, dass die Fettzellen an Bauch, Beinen und Po ins schier Unermessliche wachsen.

Wichtig ist, bei Dauerstress nicht nur in Bewegung zu bleiben – ein kurzer Spaziergang um den Block oder Treppensteigen ist durchaus hilfreich, um Stresshormone abzubauen –, sondern auch Pausen effektiv zu nutzen. Deshalb sollten insbesondere die Mahlzeiten zur Entschleunigung dienen. Genießen Sie sie daher in aller Ruhe und möglichst in angenehmer Gesellschaft. Wenn Sie danach noch einen kleinen Spaziergang einlegen, ist alles im grünen Bereich. Bewegung sorgt für ein Abklingen des Cortisol-Spiegels. Wenn Sie die Möglichkeit haben und Sie müde nach dem Essen sind, können Sie sich auch für eine kleine Siesta oder einen Power Nap von maximal 20 Minuten hinlegen, um anschließend erfrischt ins Nachmittagsgeschäft einzusteigen.

Trinken Sie genug?

Zu wenig zu trinken verlangsamt den Abnehmprozess und stellt die Nieren vor ein Ausscheidungsproblem. Als Faustregel gelten für Erwachsene 1,5 bis 2 Liter Flüssigkeitszufuhr pro Tag. Wenn Sie sich viel bewegen und dabei schwitzen, oder im Sommer, darf es auch gerne mehr sein. Besonders bei älteren Menschen lässt das Durstgefühl nach. Frauen, die unter einer Harninkontinenz leiden, neigen zudem oft dazu, aus Furcht vor dem unkontrollierten Harndrang zu wenig zu trinken.

Zuckerhaltige Getränke sind dabei ebenso wie Alkohol keine idealen Durstlöscher und lassen den Insulinspiegel ansteigen. Gegen ein Glas Wein am Abend ist natürlich nichts einzuwenden. Trinken Sie tagsüber am besten ausreichend stilles Wasser oder ungesüßte Kräutertees. Um zusätzlich die Flüssigkeitszufuhr zu steigern, sind im Sommer besonders Wassermelonen, Tomaten und Gurken geeignet zu den Mahlzeiten.

Getränke zum Mittagessen

- ▶ Wasser, mit oder ohne Kohlensäure
- ▶ aromatisiertes Mineralwasser (mit Fruchtextrakten)
- ▶ Ingwer- oder Zitronenwasser
- ▶ Tee (z. B. grüner Tee, schwarzer Tee, Kräuterteemischungen) mit oder ohne Zucker oder Honig
- ▶ schwarzer Kaffee oder Espresso mit oder ohne Zucker
- ▶ 1 Tasse Kaffee mit 2 TL Soja- oder Kuhmilch mit oder ohne Zucker
- ▶ 1 Tasse Kaffee mit 1 TL Kondensmilch oder fettarmer Sahne mit oder ohne Zucker
- ▶ 1 Tasse Cappuccino mit geschäumter Milch
- ▶ 1 Glas Latte macchiato mit (Soja-)Milch
- ▶ 1 Glas Sojamilch mit oder ohne Vanille- oder Schokoladenaroma
- ▶ 1 Glas Orangen-, Grapefruit-, Apfel-, Trauben- oder Ananassaft (oder als Schorle)
- ▶ 1 Glas Diät-Fruchtsaftgetränk
- ▶ 1 Glas Gemüsesaft
- ▶ 0,5 l Limonade oder Cola
- ▶ 1 Glas Molke, Kefir oder Buttermilch (200 ml)

Mittagessen ohne Kochen

Damit auch das Kochen zum positiven Eustress-Erlebnis wird, haben wir Ihnen hier einige kleine, feine vegetarische Mahlzeiten zusammengestellt, die Sie fix mit kalten Zutaten vorbereiten können. Sie sind ideal für schnelle Mittagessen mit dem Partner oder der Familie oder auch zum Mitnehmen ins Büro.

Mittagessen ohne Kochen	
10–12 vegetarische Sushi + 1 Becher Obstsalat (ca. 400 g) + 1 Flasche Bionade (330 ml)	100 g KH/12 g Fett
1 großer gemischter Salatteller (ca. 250 g; ohne Fleisch/Fisch) + 2 Laugenbrezeln + 1 Frucht-Smoothie (250 ml; aus dem Kühlregal)	100 g KH/20 g Fett
1 großer Veggie-Bagel (ca. 200 g) + 1 großer Becher halbfetter Joghurt mit Beeren (ca. 350 g) + 1 Glas Orangensaft + 1 Cappuccino	100 g KH/25 g Fett
2 Butter-Laugenbrezeln + 1 Banane + 3 Kugeln Ananas-Sorbet	100 g KH/20 g Fett
1 großes, mit Käse, Ei, Tomaten und Salat belegtes Baguettebrötchen/Sandwich + 1 Hefe-Quarktasche + 1 Frucht-Smoothie (250 ml)	100 g KH/25 g Fett
1 Portion Falafel im Brot mit viel Salat (ohne Knoblauchsauce) + 1 großer Apfel	100 g KH/25 g Fett
2 Baked Potatoes (gebackene Kartoffeln; mit leichtem Joghurtdressing) + 1 gemischter Salat + 1 Glas Apfelsaft + 1 Cappuccino	100 g KH/23 g Fett

Baguettebrötchen »Provence«

4 Baguettebrötchen (je ca. 75 g) | 1 Knoblauchzehe | 100 g leichter Kräuter-Frischkäse (ca. 0,2 % Fett absolut) | Salz | schwarzer Pfeffer aus der Mühle | einige Blätter Blatt- oder Eisbergsalat | 1 kleine Zwiebel | 4 feste Tomaten | 30 g entsteinte Oliven | ½ Bund Basilikum | 50 g Roquefortkäse | 60 g Mürbeteigplätzchen

Für 2 Personen | ⏲ 15 Min. Zubereitung
Pro Portion 686 kcal, 25 g EW, 23 g F, 94 g KH

1 Die Baguettebrötchen halbieren. Den Knoblauch schälen und alle Hälften damit einreiben und mit Kräuter-Frischkäse bestreichen. Mit Salz und Pfeffer würzen.

2 Die Salatblätter waschen und verlesen, gut trocken schütteln und eventuell etwas kleiner rupfen. Die Zwiebel schälen und in dünne Scheiben schneiden, die Scheiben in Ringe teilen. Die Tomaten waschen, von den Stielansätzen befreien und in Scheiben schneiden. Die Oliven ebenfalls in Scheiben schneiden. Das Basilikum waschen und

trocken tupfen, die Blättchen abzupfen. Den Roquefortkäse würfeln.

3 Alle Zutaten auf die unteren Brötchenhälften schichten und mit den oberen Hälften abdecken. Diese etwas andrücken und die Baguettebrötchen ggf. in Pergamentpapier verpacken. Die Mürbeteigplätzchen als Nachtisch, beispielsweise zu einem Espresso genießen.

EINKAUFSTIPP: Das Frischkäse-Angebot ist inzwischen recht unübersichtlich. Gab es früher meist Doppelrahm-Frischkäse, liegen heute die verschiedensten Sorten mit diversen Fettgehaltsstufen in den Regalen dicht an dicht. Glücklicherweise sind Fettgehalt und auch die übrigen Nährwerte auf den Packungen angegeben – Sie können also gezielt auswählen. Achten Sie auch einmal auf die Zutatenliste – und bevorzugen Sie Sorten mit möglichst wenigen Zusatzstoffen. Die schmecken nicht nur besser, sie sind auch gesünder.

Pfirsich-Tofu-Sandwich

2 nicht zu weiche Pfirsiche | 250 g fester
Tofu | 1 EL Öl | ¼ TL Chiliflocken (getrock-
nete geschrotete Chilis) | Salz | schwarzer
Pfeffer aus der Mühle | 100 g leichter
Frischkäse (ca. 12 % Fett absolut) | 1 TL
Currypulver | 1 Baguette oder Ciabattabrot
(ca. 350 g) | 1 Handvoll Rucola

Für 2 Personen | ⏱ 20 Min. Zubereitung
Pro Portion 731 kcal, 36 g EW, 21 g F, 98 g KH

1 Pfirsiche waschen, abtrocknen, entsteinen und in dünne Spalten schneiden. Tofu
in vier dünne Scheiben schneiden. Das Öl
erhitzen, den Tofu darin von jeder Seite ca.
1 Min. braten, dabei mit Chiliflocken, Salz
und Pfeffer würzen und abkühlen lassen.

2 Frischkäse mit Currypulver, Salz und
Pfeffer verrühren. Das Brot in zwei Stücke
teilen und diese aufschneiden. Alle Teile mit
Frischkäse bestreichen. Rucola waschen,
putzen und trocken schütteln, auf die Brote
verteilen. Tofuscheiben und Pfirsichspalten
auf die unteren Hälften legen, mit den oberen Hälften abdecken und gut andrücken.

Käse-Paprika-Wraps

100 g fettarmer Frischkäse (0,2 % Fett ab-
solut) | 50 g Orangenmarmelade | Salz |
schwarzer Pfeffer aus der Mühle | 1 Msp.
edelsüßes Paprikapulver | 1 Msp. gemahle-
ner Kreuzkümmel | 2 milde Spitzpaprika-
schoten | 1 Römersalatherz | 4 Tortilla-
fladen (Wraps; Fertigprodukt, ca. 200 g) |
4 dünne Scheiben Käse (ca.100 g) |
2 Bananen

Für 2 Personen | ⏱ 20 Min. Zubereitung
Pro Portion 642 kcal, 30 g EW, 17 g F, 91 g KH

1 Frischkäse, Marmelade, Salz, Pfeffer,
Paprikapulver und Kreuzkümmel verrühren
und herzhaft würzen. Spitzpaprika putzen,
waschen, trocken tupfen und längs in dünne
Streifen schneiden. Salat waschen und
trocken schütteln, in einzelne Blätter teilen
und den harten Mittelstrunk flach drücken.

2 Tortillafladen ausbreiten, mit Frischkäse
bestreichen. Käse, Salat und Paprika mittig
darauflegen. Den unteren Rand über die Füllung schlagen, die Fladen von der Seite her
aufrollen. Mit den Bananen genießen.

Baguette mit Eiersalatfüllung

2 Baguettes zum Fertigbacken (360 g) |
2 Eier | 1 kleine gelbe Paprikaschote |
1 kleiner rotschaliger Apfel | 2 Sellerie-
stangen | 50 g Naturjoghurt | 2 EL Salat-
mayonnaise (ca. 40 g) | Salz | schwarzer
Pfeffer aus der Mühle | 1/4 TL Currypulver

Außerdem: Blitzhacker

Für 2 Personen | ⏱ 30 Min. Zubereitung
Pro Portion 621 kcal, 21 g E, 17 g F, 96 g KH

1 Die Baguettes nach der Packungsanleitung im Backofen backen. Die Eier anstechen und in kochendem Wasser in
ca. 10 Min. hart kochen.

2 Die Paprikaschote waschen und putzen.
Den Apfel waschen und gut abreiben, vierteln und entkernen. Die Selleriestangen
waschen und putzen, die grünen Blättchen
mit verwenden. Alles mit einem Blitzhacker
in ganz feine Würfel hacken.

3 Den Joghurt mit der Salatmayonnaise,
Salz, Pfeffer und Currypulver verrühren.
Das vorbereitete Gemüse darin wenden.
Pikant abschmecken.

4 Die Baguettes und die Eier etwas abkühlen lassen. Die Eier schälen, klein würfeln
und zum Gemüse geben. Die Baguettes
diagonal in 2 Hälften teilen. Die Krumen
herauslösen, zerteilen und mit dem Gemüse
mischen. Den Eier-Gemüse-Salat in die
Baguettehälften füllen.

Pita-Linsen-Burger

1 Zwiebel | 100 g rote Linsen | 250 ml
Gemüsebrühe | 1 Ei | 50 g Semmelbrösel |
Salz | schwarzer Pfeffer aus der Mühle |
1 EL Öl | 100 g Salatgurke | 100 g Joghurt
(1,5 % Fett) | 4 Salatblätter | 4 Pita-Fladen-
brote (Fertigprodukt; je ca. 65 g) | 4 EL Ajvar

Für 2 Personen | ⏱ 40 Min. Zubereitung
Pro Portion 690 kcal, 28 g EW, 16 g F, 106 g KH

1 Die Zwiebel schälen und fein würfeln, mit
den Linsen und der Brühe in einem kleinen
Topf zum Kochen bringen. Zugedeckt bei
schwacher Hitze 10 Min. garen. In eine
Schüssel umfüllen und etwas abkühlen
lassen, mit dem Ei und den Semmelbröseln
verrühren, mit Salz und Pfeffer abschmecken.

2 Das Öl in einer beschichteten Pfanne
erhitzen. Aus der Linsenmasse 4 Burger
formen und diese im Öl von beiden Seiten
ca. 10 Min. goldbraun braten.

3 Die Salatgurke schälen und grob raspeln,
ausdrücken und mit dem Joghurt verrühren,
mit Salz und Pfeffer abschmecken. Die Salatblätter waschen und gut trocken tupfen.

4 Die Fladenbrote nach Belieben toasten,
dann aufschneiden. Ajvar darin verstrei-
chen, dann auch die anderen vorbereiteten
Zutaten hineingeben.

Möhrensuppe mit Kräuterklößchen

Für die Suppe: 400 g Möhren | 150 g fest kochende Kartoffeln | 1 Zwiebel | 1 EL Butter | 1 EL Honig | 750 ml Gemüsebrühe | Salz | schwarzer Pfeffer aus der Mühle | 1–2 EL gemischte gehackte Kräuter zum Bestreuen

Für die Klößchen: 200 ml fettarme Milch (1,5 % Fett) | 2 TL Butter | 50 g Weizengrieß | 2 Eigelbe | Salz | frisch geriebene Muskatnuss | 6 EL gehackte gemischte Kräuter

Außerdem: 2 Baguettebrötchen | 2 Bananen

Für 2 Personen | ⊚ 40 Min. Zubereitung
Pro Portion 652 kcal, 21 g EW, 19 g F, 96 g KH

1   Für die Suppe die Möhren und die Kartoffeln waschen, schälen und grob würfeln. Die Zwiebel schälen und hacken. Die Butter in einem Topf leicht erhitzen, Zwiebel-, Möhren- und Kartoffelwürfel darin rundherum anschwitzen. Den Honig dazugeben, dann alles mit der Brühe ablöschen. Die

Suppe zugedeckt bei schwacher Hitze 15–20 Min. köcheln lassen, bis Möhren und Kartoffeln weich sind.

2   Inzwischen für die Kräuterbällchen die Milch in einem kleinen Topf aufkochen, die Butter darin schmelzen lassen. Den Grieß unter ständigem Rühren einrieseln lassen und bei schwacher Hitze dicklich werden lassen. Den Topf vom Herd nehmen, dann die Eigelbe, Salz, Muskat und die Kräuter unter den Grieß rühren.

3   Etwas leicht gesalzenes Wasser aufkochen lassen. Von der Grießmasse mit zwei Teelöffeln Nocken abstechen und im heißen Wasser ca. 5 Min. ziehen lassen.

4   Die Suppe pürieren und wieder aufkochen lassen, mit Salz und Pfeffer abschmecken. Die Kräuterklößchen abtropfen lassen und in der Suppe servieren, mit Kräutern bestreuen. Die Brötchen dazu und die Bananen als Nachtisch genießen.

Grünkohl-Kartoffel-Eintopf

600 g küchenfertiger Grünkohl | 300 g
Zwiebeln | 2 Knoblauchzehen | 2 EL Öl |
750 ml Gemüsebrühe | 2 TL getrocknete
Kräuter der Provence | 500 g Kartoffeln |
100 g weiche getrocknete Aprikosen |
Salz | schwarzer Pfeffer aus der Mühle |
2 Vollkornbrötchen (je 50 g)

Für 2 Personen | 45 Min. Zubereitung
Pro Portion 646 kcal, 27 g EW, 15 g F, 96 g KH

1   Grünkohl waschen, putzen, harte Mittel-
rippen entfernen und den Kohl in schmale
Streifen schneiden. Zwiebeln und Knob-
lauch schälen und fein würfeln. Öl erhitzen,
Zwiebeln und Knoblauch darin andünsten.
Grünkohl zugeben und anschwitzen.

2   Mit Brühe ablöschen, Kräuter einrühren.
Aufkochen und zugedeckt bei schwacher
Hitze 15 Min. köcheln lassen. Kartoffeln waschen, schälen und grob würfeln. Aprikosen
halbieren. Beides zum Kohl geben, alles
weitere 15 Min. garen. Salzen und pfeffern.
Die Brötchen dazuessen.

Grüne Reissuppe

600 g grünes Gemüse (z. B. Lauch, Zucchini,
Bohnen, Brokkoli) | 2 EL Olivenöl | 750 ml
Gemüsebrühe | 100 g Langkornreis |
Salz | schwarzer Pfeffer aus der Mühle |
4 EL geriebener Käse | 4 Scheiben Bauern-
brot (200 g)

Für 2 Personen | 40 Min. Zubereitung
Pro Portion 646 kcal, 36 g EW, 18 g F, 99 g KH

1   Das Gemüse waschen und putzen. Lauch
in Ringe, Zucchini in Stifte schneiden. Bohnen schräg halbieren oder dritteln, Brokkoli
in Röschen teilen. Andere verwendete Gemüsesorten ebenfalls klein schneiden.

2   Öl erhitzen, den Lauch darin anschwitzen. Mit der Brühe ablöschen. Reis einrühren, alles aufkochen und bei schwacher
Hitze knapp 20 Min. leicht köcheln lassen,
dabei je nach benötigter Garzeit das Gemüse dazugeben. Bohnen garen je nach Dicke
5–12 Min., Zucchini und Brokkoli gut 5 Min.

3   Die Suppe salzen und pfeffern. Den Käse
daraufstreuen und das Brot dazureichen.

Tortellini-Salat und Melonenbecher

200 g getrocknete Tortellini ohne Fleisch (z. B. aus dem Reformhaus) | Salz | 2 Zucchini (möglichst mit Blüten) | 1 kleine Aubergine | 1 EL Olivenöl | 1 kleine Knoblauchzehe | schwarzer Pfeffer aus der Mühle | Pizzagewürz | 1 Bund Basilikum | 50 g Gorgonzola | 150 g fettarmer Joghurt (Magermilchjoghurt, 0,1 % Fett) | ½–1 Zuckermelone (ca. 400 g Fruchtfleisch) | 2 EL trockener Sherry | 1 EL Zucker

Für 2 Personen | ⏱ 45 Min. Zubereitung
Pro Portion 692 kcal, 27 g EW, 23 g F, 90 g KH

1 Die Tortellini in reichlich kochendem Salzwasser nur gerade eben bissfest garen.

2 Inzwischen die Zucchini und die Aubergine waschen und putzen, die Zucchiniblüten beiseitelegen. Das Gemüse längs vierteln, in ½ cm dicke Scheiben schneiden.

3 Das Olivenöl in einer breiten beschichteten Pfanne mit einem Pinsel verteilen und leicht erhitzen. Den Knoblauch schälen und

dazupressen. Nach und nach die Zucchini- und die Auberginenscheiben kurz anbraten und dabei mit Salz, Pfeffer und Pizzagewürz würzen. Fertig angebratenes Gemüse aus der Pfanne nehmen und beiseitestellen.

4 Die Tortellini in ein großes Sieb abgießen und unter kaltem Wasser abspülen. Sehr gut abtropfen lassen.

5 Das Basilikum kalt abbrausen und gut trocken schütteln, die Blättchen abzupfen. Einige Blättchen zum Garnieren beiseitelegen, den Rest klein schneiden und mit dem Gemüse sowie den Tortellini mischen.

6 Den Gorgonzola zusammen mit dem Joghurt pürieren, mit Salz und Pfeffer abschmecken. Über die restlichen Zutaten geben, mit Basilikum und ggf. den Zucchiniblüten garnieren. Den Salat nach Belieben etwas durchziehen lassen.

7 Für den Nachtisch die Melone schälen und entkernen, in Würfel schneiden und mit Sherry und dem Zucker mischen. In 2 hohe Becher oder Gläser verteilen.

Kartoffel-Linsen-Salat

700 g fest kochende Kartoffeln | 3 Eier |
125 ml Gemüsebrühe | 100 g rote Lin-
sen | 1 grüne Paprikaschote | 3 EL Salat-
creme (25 % Fett; ca. 50 g) | 250 g Natur-
joghurt | Salz | schwarzer Pfeffer aus der
Mühle | Chilipulver oder Chiliflocken

Für 2 Personen | 🍲 45 Min. Zubereitung
Pro Portion 694 kcal, 36 g EW, 18 g F, 93 g KH

1 Die Kartoffeln waschen und ungeschält in
Wasser gerade eben gar kochen. Abgießen
und noch heiß pellen, ein wenig abkühlen
lassen und in Scheiben schneiden.

2 Während die Kartoffeln kochen, die Eier
anstechen und in kochendem Wasser in
etwa 10 Min. hart kochen. Inzwischen die
Brühe aufkochen, die Linsen dazugeben
und bei mittlerer Hitze nur gut 5 Min. köcheln lassen. Abgießen, zu den Kartoffeln
geben. Die Eier kalt abschrecken und schälen, vierteln oder achteln.

3 Die Paprikaschote halbieren, Kerne,
Trennhäutchen und den Stielansatz entfernen. Die Hälften waschen und würfeln oder
in Streifen schneiden. Mit den Eiern zu den
Kartoffeln geben.

4 Für das Dressing die Salatcreme mit dem
Joghurt verquirlen, mit Salz, Pfeffer und
Chilipulver oder -flocken pikant abschmecken. Zu den übrigen Zutaten geben und
alles vorsichtig vermengen.

VARIANTEN:
• Statt der roten Linsen können Sie auch die
gewohnten braunen Tellerlinsen oder die dunkel-
grünen , besonders feinen Puy-Linsen nehmen.
Beachten Sie die Garzeiten auf den Packungen.
Rote Linsen sind blitzschnell gar, bei allen anderen
Sorten ist die Garzeit deutlich länger.
• Sie lieben Käse? Dann verzichten Sie auf die Eier
im Salat und mischen etwa 100 g gewürfelten Feta
oder Bergkäse unter die Kartoffeln.

Bohnen-Nudel-Salat mit Joghurtdressing

300 g grüne Bohnen | Salz | 200 g kleine
Schleifennudeln | 1 Dose Kidneybohnen
(400 g) | 200 g Gewürzgurken | 1 Bund
Petersilie | 200 g Joghurt (3,5 % Fett) |
schwarzer Pfeffer aus der Mühle | ½ TL ge-
mahlener Koriander | 50 g Mandelkerne

Für 2 Personen | ⏲ 35 Min. Zubereitung
Pro Portion 691 kcal, 30 g EW, 21 g F, 92 g KH

1 Die grünen Bohnen waschen und putzen,
nach Belieben klein schneiden und zugedeckt in wenig Salzwasser je nach Größe in
ca. 8 Min. bissfest garen.

2 Während die Bohnen garen, die Nudeln
in reichlich kochendem Salzwasser nach
den Packungsangaben bissfest garen. Beides in ein Sieb abgießen und gut abtropfen
lassen.

3 Die Kidneybohnen in ein Sieb geben,
kalt abwaschen und abtropfen lassen.
Die Gewürzgurken in Scheiben schneiden.
Alle vorbereiteten Zutaten mischen.

4 Die Petersilie waschen, trocken schütteln
und die Blättchen abzupfen. Grob hacken
und mit dem Joghurt verrühren. Mit Salz,
Pfeffer und dem Koriander abschmecken,
mit den anderen Zutaten vermengen.

5 Die Mandelkerne für 1–2 Min. in kochend
heißes Wasser geben. Abgießen und etwas
abkühlen lassen, dann die hellen Kerne
aus den dunklen Häutchen drücken. Die
Mandelkerne in einer kleinen Pfanne ohne
Fettzugabe rösten, zum Salat geben.

Arabischer Kichererbsensalat

2 rote Paprikaschoten | 2 Stangen Sellerie |
1 rote Zwiebel | 2 feste Tomaten | 1 Dose
Kichererbsen (400 g Inhalt) | ½ Bund
glatte Petersilie | 2 Zweige Minze |
50 g Rosinen | 3 EL Rotweinessig |
2 EL Olivenöl | 2 EL kräftige Gemüsebrühe |
Salz | schwarzer Pfeffer aus der Mühle |
3 EL Sesamsamen | 100 g fettarmer
Fetakäse | 150 g Fladen- oder Weißbrot

Für 2 Personen | ⏲ 30 Min. Zubereitung
Pro Portion 662 kcal, 26 g EW, 23 g F, 88 g KH

1 Die Paprikaschoten waschen, putzen
und von Kernen, Trennhäutchen und dem
Stielansatz befreien. Den Sellerie waschen
und putzen. Die Zwiebel schälen. Alles in
feine Würfel schneiden.

2 Die Tomaten waschen und ohne die Stielansätze in Spalten schneiden. Die Kichererbsen in ein Sieb geben, kalt abspülen und
sehr gut abtropfen lassen.

3 Die Petersilie und die Minze kalt abwaschen und trocken tupfen, die Blättchen
abzupfen und grob hacken. Die Rosinen mit
warmem Wasser übergießen, dann abtropfen lassen. Alle vorbereiteten Zutaten in
eine Schüssel geben.

4 Den Rotweinessig mit Olivenöl, Gemüsebrühe, Salz und Pfeffer verrühren. Über die
Salatzutaten träufeln und alles vorsichtig
vermengen. Pikant abschmecken.

5 Die Sesamsamen in einer kleinen Pfanne
ohne Fettzugabe rösten, auf einen Teller
geben. Den Fetakäse würfeln, in den Sesamsamen wenden und zum Salat geben.
Fladenbrot dazuessen.

FÜR EIN EIWEISS-MITTAGESSEN: Fladenbrot
als Beilage weglassen, dafür 4 Eier hart kochen,
schälen, pellen und mit dem Salat servieren. Oder
einen großen Becher Kefir mit gehackter Minze,
Salz, Pfeffer und gemahlenem Kreuzkümmel verrühren und zum Salat trinken.

Süßkartoffel-Curry

700 g Süßkartoffeln | 1 Zucchino | 2 Möhren | 2 EL Öl | 20 g Cashewkerne | 1 Knoblauchzehe | 15 g frischer Ingwer | 1 Chilischote | 1 EL Currypulver | 125 ml Gemüsebrühe | 200 g Naturjoghurt | ½ TL Mehl | Salz | schwarzer Pfeffer aus der Mühle | 2 Tomaten

Für 2 Personen | 🕙 40 Min. Zubereitung
Pro Portion 657 kcal, 15 g EW, 21 g Fett, 99 g KH

1 Die Süßkartoffeln schälen, waschen und mundgerecht würfeln. Den Zucchino waschen und putzen, die Möhren schälen, beides ebenfalls würfeln.

2 Das Öl in einer breiten beschichteten Pfanne erhitzen und das Gemüse darin rundherum anbraten. Unter häufigem Rühren 20–30 Min. braten. Gegen Ende die Cashewkerne mit anbraten.

3 Den Knoblauch und den Ingwer schälen. Die Chilischote waschen, putzen und entkernen. Alles ganz fein hacken, zum Gemüse geben und kurz mit anbraten.

4 Curry über die anderen Zutaten streuen und kurz mit anschwitzen. Die Brühe angießen. Den Joghurt mit Mehl glatt rühren, zu den Süßkartoffeln geben. Alles bei schwacher Hitze noch ca. 10 Min. garen.

5 Das Curry mit Salz und Pfeffer abschmecken. Die Tomaten waschen, halbieren und die Stielansätze entfernen. Die Hälften würfeln und über das Curry streuen.

Rübenragout mit Kräuterbällchen

300 ml fettarme Milch (1,5 % Fett) | 125 g Grieß | Salz | schwarzer Pfeffer aus der Mühle | 2 EL gemischte TK-Kräuter | 1 Ei | 300 g Möhren | 300 g weiße Rüben | 1 große Zwiebel | 2 TL Öl | 1 EL Mehl | 200 ml Gemüsebrühe | 2 EL Crème fraîche | 2 große Bananen

Für 2 Personen | 🕙 40 Min. Zubereitung
Pro Portion 615 kcal, 20 g EW, 20 g F, 86 g KH

1 Milch aufkochen. Grieß, Salz, Pfeffer und Kräuter zugeben und unter ständigem Rühren garen, bis sich ein Kloß bildet. Vom Herd ziehen, etwas abkühlen lassen, dann das Ei unterrühren. Beiseitestellen.

2 Möhren und Rüben waschen, putzen und schälen, klein schneiden. Zwiebel schälen und fein würfeln. Öl erhitzen, die Zwiebelwürfel darin glasig werden lassen. Möhren und Rüben zugeben und mit anschwitzen. Mehl darüberstreuen und 1 Min. mit dem Gemüse verrühren. Die Brühe angießen, aufkochen und zugedeckt bei mittlerer Hitze 10–15 Min. köcheln lassen.

3 Gleichzeitig reichlich Salzwasser in einem Topf aufkochen. Aus der Grießmasse mit nassen Händen ca. 10 Bällchen formen, in das kochende Wasser legen. Die Hitze reduzieren und die Knödel im siedenden Wasser 10–15 Min. gar ziehen lassen.

4 Crème fraîche zum Gemüse geben, verrühren, salzen und pfeffern. Die Kräuterbällchen aus dem Wasser heben und gut abtropfen lassen, mit dem Gemüse anrichten. Die Bananen als Nachtisch genießen.

Zucchini-Kartoffel-Puffer mit pikantem Pflaumenkompott

Für das Kompott: 600 g Pflaumen | 1 kleines Stück frischer Ingwer | 2 EL Zucker | 75 g Rosinen | Salz | schwarzer Pfeffer aus der Mühle | ¼ TL Chiliflocken (getrocknete geschrotete Chilis)

Für die Puffer: 2 Eier | Salz | schwarzer Pfeffer aus der Mühle | ¼ TL Chiliflocken (getrocknete geschrotete Chilis) | 1 kleine Zwiebel | 250 g Zucchini | 500 g Kartoffeln | 2 EL Öl zum Braten

Für 2 Personen | 45 Min. Zubereitung
Pro Portion 636 kcal, 17 g EW, 17 g F, 99 g KH

1   Pflaumen waschen, entsteinen und in Spalten schneiden. Ingwer schälen und klein würfeln. Beides mit Zucker und Rosinen in einen breiten Topf geben, mit etwas Salz, Pfeffer und den Chiliflocken vermischen. Langsam erwärmen, die Früchte ein wenig Saft ziehen lassen und 2–3 Min. köcheln. Die Pflaumen sollen nicht völlig verkochen. Abkühlen lassen.

2   Die Eier mit Salz, Pfeffer und Chiliflocken verrühren. Zwiebel schälen, sehr fein würfeln und untermischen. Zucchini waschen, die Kartoffeln schälen und waschen, beides grob raspeln und gut ausdrücken. Zu den Eiern geben und gründlich damit vermengen.

3   In einer Pfanne wenig Öl erhitzen. Für jeden Puffer etwa 1 gehäuften EL der Kartoffel-Mischung hineingeben, flach drücken und von beiden Seiten goldbraun braten. Ebenso die übrigen Puffer in wenig Öl braten. Die Puffer mit dem Kompott anrichten.

Kartoffel-Pizza

350 g kleine, festkochende Kartoffeln | Salz | 1 Paket backfertiger Pizzateig (Kühlregal, 400 g) | 6 Zweige Thymian | 6 Zweige Rosmarin | 10–12 Salbeiblätter | 1 Knoblauchzehe | 2 EL Tomatenmark (30 g) | 2 EL Olivenöl | schwarzer Pfeffer aus der Mühle

Für 2 Personen | 40 Min. Zubereitung
Pro Portion 692 kcal, 20 g EW, 18 g F, 110 g KH

1   Die Kartoffeln gründlich waschen und zugedeckt in wenig Salzwasser in ca. 15 Min. knapp gar kochen.

2   Den Backofen auf 225° (Umluft 200°) vorheizen. Den Pizzateig aus der Packung nehmen und mitsamt dem in der Packung enthaltenen Backpapier auf einem Backblech auslegen. Ca. 10 Min. ruhen lassen.

3   Die Kräuter waschen und trocken tupfen. Die Thymianblättchen von den Stielen streifen, Rosmarinnadeln ebenfalls abstreifen. Thymian, Rosmarin und den Salbei nicht zu fein hacken. Etwa zwei Drittel der Kräuter auf den Teig streuen.

4   Die Kartoffeln abgießen, etwas abkühlen lassen und pellen. In Scheiben schneiden und auf dem Teig verteilen. Den Knoblauch schälen und zerdrücken, mit Tomatenmark, Olivenöl und 1–2 EL Wasser verrühren. Die Kartoffeln und die Teigzwischenräume mit der Mischung einpinseln. Die übrigen Kräuter aufstreuen, salzen und pfeffern.

5   Das Blech auf der untersten Schiene in den vorgeheizten Backofen stellen und die Pizza 15–20 Min. backen.

Spaghetti mit Linsensauce

Salz | 250 g Spaghetti | 1 Bund Frühlings-
zwiebeln | 2 EL Olivenöl | 150 g rote
Linsen | 300 ml Gemüsebrühe | 75 g leich-
ter Frischkäse (5 % Fett absolut) | 1 EL TK-
Kräuter italienische Art | frisch gemahlener
schwarzer Pfeffer

Für 2 Personen | ⊕ 20 Min. Zubereitung
Pro Portion ca. 693 kcal, 32 g EW, 23 g F, 88 g KH

1 Reichlich Salzwasser für die Spaghetti
aufkochen. Die Nudeln darin nach den
Packungsangaben bissfest garen.

2 Die Frühlingszwiebeln waschen, putzen
und in schräge Ringe schneiden. Mit dem Öl
in einen Topf geben und unter Rühren anschwitzen. Die Linsen und die Brühe dazugeben, aufkochen und alles bei schwacher
Hitze 8–10 Min. köcheln lassen.

3 Frischkäse und Kräuter zu den Linsen
geben, alles mit Salz und Pfeffer würzen. In
einer Schüssel mit den abgetropften Spaghetti mischen, dann auf Teller geben.

ANDERE SPAGHETTI-SAUCEN: Für eine **Zitronen-
Zucchini-Sauce** einen Zucchino fein stifteln, in
wenig Öl anschwitzen. Fettarmen Frischkäse und
etwas Wein oder Brühe angießen, mit Salz, Pfeffer
und abgeriebener Schale einer Bio-Zitrone würzen,
eventuell auch einige Tropfen Zitronensaft einrühren. Mit gehackter Zitronenmelisse verfeinern. Für
eine **Veggie-Bolognese** kleine Würfel von Möhren,
Staudensellerie und Zwiebeln in etwas Olivenöl anbraten. 1 Dose gehackte Tomaten einrühren. Ebenfalls klein gewürfelten Tofu oder Seitan einrühren,
mit Salz, Pfeffer und Thymian oder Oregano würzen
und 15 Min. köcheln lassen.

Makkaroni mit Tomaten und Ricotta

1 großes Bund Frühlingszwiebeln | 200 g
Kirschtomaten | 1 Bund Petersilie | Salz |
300 g Makkaroni oder Penne | 1 EL Oliven-
öl | 2 kleine Knoblauchzehen | schwarzer
Pfeffer aus der Mühle | 100 g Ricotta |
2 EL frisch geriebener würziger Hartkäse |
100 g Butterkekse

Für 2 Personen | ⊕ 35 Min. Zubereitung
Pro Portion 693 kcal, 33 g EW, 22 g F, 90 g KH

1 Die Frühlingszwiebeln waschen und
putzen, längs halbieren oder vierteln und
in 4–5 cm lange Stücke schneiden. Die
Kirschtomaten waschen und halbieren oder
vierteln. Die Petersilie waschen und trocken
schütteln. Einige Blättchen zum Garnieren
zurücklegen, die restlichen fein hacken.

2 In reichlich kochendem Salzwasser die
Nudeln nach den Packungsangaben gerade
eben bissfest garen. In den letzten 3–4 Min.
die Frühlingszwiebeln dazugeben.

3 Inzwischen das Olivenöl in einer breiten
beschichteten Pfanne nicht zu stark erhitzen. Knoblauch schälen und dazupressen,
leicht anschwitzen. Tomaten einrühren und
nur kurz mit erhitzen.

4 Abgetropfte Nudeln und Frühlingszwiebeln in die Pfanne geben. Alles mit gehackter Petersilie, Salz und Pfeffer würzen. Bei
mittlerer Hitze unter Rühren 1–2 Min. dünsten. Ricotta teelöffelweise zugeben. Mit
Käse bestreuen, mit Petersilie garnieren.

5 Die Kekse als Nachtisch genießen, eventuell zusammen mit einer Tasse Kaffee.

Gebratene Woknudeln mit Tofu

250 g Wok-Nudeln | Salz | 20 g frischer Ingwer | 2 Knoblauchzehen | 2 Chilischoten | 200 g fester Tofu | 1 Lauchstange | 1 Paprikaschote | ½ Chinakohl | 2 EL Öl | 1–2 TL Currypulver | 1 kleine Dose Kokosmilch (160 ml) | 125 ml Gemüsebrühe | 3 EL Sojasauce | 1 EL brauner Zucker | etwas frisches Koriandergrün

Für 2 Personen | ⏲ 30 Min. Zubereitung
Pro Portion 682 kcal, 32 g EW, 20 g F, 92 g KH

1 Die Nudeln nach der Packungsanleitung in Salzwasser bissfest garen. Abgießen, kalt abspülen und gut abtropfen lassen.

2 Den Ingwer und den Knoblauch schälen, die Chilischoten waschen und putzen. Alles fein hacken und mischen.

3 Den Tofu mundgerecht würfeln. Das Gemüse waschen und putzen. Den Lauch in Ringe, die Paprikaschote und den Chinakohl in Streifen schneiden.

4 Das Öl in einem Wok oder in einer großen Pfanne auf mittlerer Stufe erhitzen, die Ingwermischung darin leicht anbraten. Tofu ganz kurz mit anbraten, dann auch den Lauch und die Paprikastreifen. Etwas Currypulver darüberstreuen.

5 Die Nudeln, den Chinakohl, die Kokosmilch und die Brühe zu den übrigen Zutaten geben. Alles vorsichtig verrühren und noch ca. 5 Min. garen. Mit Sojasauce und Zucker abschmecken. Koriandergrün waschen, trocken tupfen und grob hacken, über die anderen Zutaten streuen.

Penne mit Radicchio und Kartoffeln

Salz | 1 großer Kopf Radicchio (ca. 300 g) | 1 Handvoll Rucola | 100 g Zwiebeln | 200 g festkochende Kartoffeln | 250 ml Gemüsebrühe | schwarzer Pfeffer aus der Mühle | 250 g Penne (oder andere Nudeln) | 20 g Walnusskerne | 40 g Bergkäse

Für 2 Personen | ⏲ 35 Min. Zubereitung
Pro Portion 677 kcal, 26 g EW, 16 g F, 105 g KH

1 Reichlich Salzwasser für die Nudeln zum Kochen bringen. Den Radicchio waschen, putzen und in schmale Streifen schneiden. Den Rucola waschen, trocken schütteln, verlesen und grob hacken.

2 Die Zwiebeln schälen und halbieren und in Scheiben schneiden. Die Kartoffeln schälen und waschen, in dünne Scheiben und diese in Stifte schneiden.

3 Die Brühe in einem Topf aufkochen, Zwiebeln und Kartoffeln darin zugedeckt bei schwacher Hitze ca. 5 Min. köcheln lassen. Mit Salz und Pfeffer herzhaft würzen.

4 Gleichzeitig die Penne in reichlich kochendem Salzwasser nach den Packungsangaben bissfest kochen. In ein Sieb abgießen und gut abtropfen lassen.

5 Radicchio und Rucola zu den Kartoffeln geben, noch einmal aufkochen lassen. In eine große Schüssel umfüllen, die Nudeln dazugeben und alles vermengen.

6 Die Walnüsse grob hacken, den Käse raspeln. Die Nudeln auf Teller umfüllen und mit Nüssen und Käse bestreuen.

Linsengemüse mit Karamell-Aprikosen

200 g Puy-Linsen oder Pardina-Linsen |
125 ml Gemüsebrühe | 125 ml Apfelsaft |
1 Bund Frühlingszwiebeln | 400 g Apriko-
sen | 2 EL Zitronensaft | 2 EL Butter | 2 EL
Zucker | Salz | schwarzer Pfeffer aus der
Mühle | 2–3 EL Apfelessig | edelsüßes
Paprikapulver

Für 2 Personen | ⊚ 40 Min. Zubereitung
Pro Portion 632 kcal, 26 g EW, 19 g F, 87 g KH

1 Die Linsen zusammen mit der Gemüsebrühe und dem Apfelsaft in einem Topf zum
Kochen bringen. Zugedeckt 20 Min. bei
mittlerer Hitze köcheln lassen.

2 In der Zwischenzeit die Frühlingszwiebeln waschen und putzen. Weiße und grüne
Zwiebelteile trennen. Die weißen Teile fein
würfeln, das Grüne in feine Ringe schneiden. Die Aprikosen waschen, trocken tupfen
und putzen, vierteln und dabei entsteinen.
Mit dem Zitronensaft vermischen.

3 Die Butter in einem kleinen Topf aufschäumen lassen. Den Zucker einstreuen
und leicht karamellisieren lassen. Die
Aprikosen und die grünen Zwiebelteile einrühren und alles zugedeckt bei schwacher
Hitze 3–4 Min. dünsten.

4 Die weißen Frühlingszwiebeln zu den
Linsen geben, alles mit Salz, Pfeffer und
Apfelessig würzen und noch 5–10 Min.
köcheln lassen, bis die Linsen bissfest sind.
Zusammen mit den Aprikosen anrichten –
gemischt oder separat. Paprikapulver
darüberstäuben.

INFO: Die kleinen, schwarzgrünen Puy-Linsen sind
ein ganz besonderer Genuss und haben, ebenso
wie die graubraunen Pardina-Linsen, eine Garzeit
von nur 30 Min. Wer sie nicht bekommt, nimmt
braune Tellerlinsen. Die haben allerdings eine
längere Garzeit – rechnen Sie mit 45–60 Min.

Bunte Bohnen-Paprika-Pfanne

200 g getrocknete weiße Bohnen | 1 Bund Bohnenkraut | je ½–1 grüne, gelbe und rote Paprikaschote | 125 g Räuchertofu | 2 EL Olivenöl | Salz | schwarzer Pfeffer aus der Mühle | 4 Scheiben Vollkorntoastbrot (oder Vollkornbaguette) | 1 Knoblauch-zehe | 2 große Birnen

Für 2 Personen | ⏱ 90 Min. Zubereitung + Einweichen über Nacht
Pro Portion 665 kcal, 28 g EW, 19 g F, 94 g KH

1 Die Bohnen über Nacht in ca. 750 ml Wasser einweichen.

2 Am nächsten Tag die Bohnen mit dem Einweichwasser aufkochen. Das Bohnen-kraut waschen, die Blättchen abzupfen und zu den Bohnen geben. Die Bohnen zugedeckt bei schwacher Hitze 50–60 Min. köcheln lassen, bis sie bissfest sind.

3 Die Paprikaschoten waschen und putzen, in Streifen schneiden. Den Tofu ebenfalls in Streifen schneiden. 1 EL Öl in einer breiten Pfanne erhitzen, den Tofu darin anbraten. Die Paprikastreifen mit anbraten.

4 Die Bohnen abtropfen lassen und eben-falls in die Pfanne geben. Alles mit Salz und Pfeffer würzen und 5 Min. bei mittlerer Hitze garen. Eventuell etwas Wasser angießen, wenn die Mischung zu trocken ist.

5 Das Toastbrot toasten. Den Knoblauch schälen, das Brot damit einreiben. Mit dem restlichen Öl beträufeln und zu der Bohnen-Paprika-Pfanne servieren. Die Birnen als Nachtisch genießen.

TIPP: Noch bunter wird's in der Pfanne, wenn Sie je 70 g getrocknete rote, weiße und schwarze Bohnen nehmen. Die Bohnen nach Sorten getrennt einweichen und auch getrennt – je nach Sorte in 50–90 Min. – bissfest kochen, damit ihre schöne und appetitliche Farbe erhalten bleibt.

Brokkoli-Crumble

700 g Brokkoli | Salz | 150 g Zwiebel-Bauernbrot | 30 g gehackte Mandeln | 140 g kernige Haferflocken | 50 g weiche Halbfett-Butter | 50 g Schmand | schwarzer Pfeffer aus der Mühle | frisch geriebene Muskatnuss | 250 g entrahmter Joghurt (0,1 % Fett) | 2 EL gemischte TK-Salatkräuter

Außerdem: breite Auflaufform

Für 2 Personen | ⊚ 20 Min. Zubereitung + 15 Min. Backen
Pro Portion 715 kcal, 26 g EW, 25 g F, 94 g KH

1   Den Backofen auf 225° (Umluft 200°) vorheizen. Den Brokkoli waschen, putzen und in Röschen zerteilen. Zugedeckt in wenig Salzwasser in 6–10 Min. bissfest dünsten. Abgießen und abtropfen lassen.

2   Das Brot würfeln und in einer Pfanne ohne Fettzugabe rösten. In eine Auflaufform geben. Den Brokkoli darauf verteilen.

3   Die Mandeln mit den Haferflocken mischen und mit Butter, Schmand, Salz, Pfeffer und frisch geriebener Muskatnuss zu groben Streuseln verkneten. Über den Brokkoli streuen und im vorgeheizten Ofen (Mitte) ca. 15 Min. backen.

4   Inzwischen den Joghurt mit den Salatkräutern verrühren und mit Salz und Pfeffer würzig abschmecken. Zusammen mit dem Auflauf servieren.

Rahm-Erbsen mit süßen Zwiebeln

200 g getrocknete gelbe Schälerbsen | 250 ml Gemüsebrühe | 1 Lorbeerblatt | 30 g Rosinen | 2 Zwiebeln | 2 rote Zwiebeln | 2 EL Öl | 2 EL Zucker | 50 ml Aceto balsamico | Salz | schwarzer Pfeffer aus der Mühle | 2–3 TL mittelscharfer Senf | 2 EL Crème fraîche | 4 Pfirsiche

Für 2 Personen | ⊚ 75 Min. Zubereitung
Pro Portion 666 kcal, 28 g EW, 20 g F, 91 g KH

1   Die Erbsen zusammen mit der Gemüsebrühe und dem Lorbeerblatt zum Kochen bringen. Zugedeckt bei ganz schwacher Hitze ca. 60 Min. köcheln lassen. Eventuell etwas Wasser nachgießen.

2   Inzwischen die Rosinen in einem Schälchen mit heißem Wasser übergießen. Die Zwiebeln schälen und in Spalten oder Ringe schneiden. Das Öl in einem Topf erhitzen, die Zwiebeln darin rundherum goldgelb anbraten. Den Zucker darüberstreuen und leicht karamellisieren lassen, dann mit ganz wenig Wasser und dem Essig ablöschen.

3   Die Rosinen kurz abtropfen lassen und untermischen, alles mit Salz und Pfeffer würzen und zugedeckt bei schwacher Hitze 10 Min. köcheln lassen. Eventuell offen noch etwas einkochen lassen.

4   Die Erbsen gegebenenfalls abtropfen lassen, das Lorbeerblatt entfernen. Die Erbsen zurück in den Topf geben, den Senf und die Crème fraîche einrühren. Abschmecken, zusammen mit den süßen Zwiebeln anrichten. Die Pfirsiche als Nachtisch genießen.

Gefüllte Auberginen

2 Auberginen (je ca. 300 g) | 2 EL Zitronensaft | Salz | 1 Zwiebel | 2 EL Olivenöl | 150 g Risotto-Reis | 300–400 ml Gemüsebrühe | 1 Bund glatte Petersilie | 50 g geriebener Pizzakäse | schwarzer Pfeffer aus der Mühle | 1 Dose geschälte gehackte Tomaten (400 g) | 2 Äpfel | 50 g Löffelbiskuits

Außerdem: breite Aufflaufform

Für 2 Personen | ⏲ 60 Min. Zubereitung + 30 Min. Backen
Pro Portion 692 kcal, 21 g EW, 21 g F, 101 g KH

1   Die Auberginen waschen und längs halbieren. Mit einem Löffel das Fruchtfleisch herauslösen, dabei überall einen ca. 1 cm breiten Rand stehen lassen. Mit dem Zitronensaft beträufeln, salzen und 30 Min. ziehen lassen. Das ausgelöste Fruchtfleisch in sehr kleine Würfel schneiden.

2   Inzwischen die Zwiebel schälen und klein würfeln. Das Öl in einer Pfanne leicht erhitzen, die Zwiebelwürfel darin glasig werden lassen. Die Auberginenwürfel leicht mit anbraten, anschließend den Risotto-Reis einrühren.

3   Etwas Gemüsebrühe dazugießen und diese vom Reis aufnehmen lassen. Dann nach und nach (wie bei einem Risotto) immer wieder etwas Brühe angießen und diese vom Reis aufnehmen lassen. So fortfahren, bis die Brühe aufgebraucht und der Reis nach ca. 20 Min. gar ist.

4   Den Backofen auf 225° vorheizen. Die Petersilie waschen und trocken tupfen, die Blättchen abzupfen und hacken. Zusammen mit dem geriebenen Käse unter den Reis mischen und diesen mit Salz und Pfeffer abschmecken. In die Auberginenhälften füllen.

5   Die Tomaten in eine breite Auflaufform geben, mit Salz und Pfeffer würzen. Die gefüllten Auberginen hineinsetzen und im Ofen (Mitte, Umluft 200°) 30 Min. backen.

6   Als Nachtisch die Äpfel und die Löffelbiskuits genießen.

Tofupäckchen mit Zitronengemüse

200 g Naturreis | Salz | 2 Kohlrabi | 2 Möhren | 1 Bund zarte Frühlingszwiebeln | 250 g Tofu | frisch gemahlener weißer Pfeffer | 4 Zweige Basilikum | 10 Zweige Zitronenthymian | 1 kleine Bio-Zitrone | 1 EL Öl | 2 EL Apfeldicksaft | 5 EL Gemüsebrühe oder trockener Weißwein

Für 2 Personen | ⏱ 30 Min. Zubereitung
Pro Portion 663 kcal, 26 g EW, 17 g F, 99 g KH

1 Den Reis in kochendes Salzwasser streuen und nach Packungsanleitung garen.

2 Inzwischen das Gemüse waschen und putzen. Den Kohlrabi und die Möhren schälen. Den Kohlrabi in nicht zu feine Stifte, die Möhren in schräge Scheiben schneiden. Die Frühlingszwiebeln schräg in etwa 2 cm lange Stücke schneiden.

3 Den Tofu halbieren. Jeweils möglichst tief einschneiden, aber nicht durchschneiden. Rundherum und auch innen mit Salz und Pfeffer würzen. Das Basilikum waschen und

trocken tupfen, die Blättchen abzupfen und grob hacken, in den Tofu geben.

4 Den Zitronenthymian waschen und trocken tupfen, die Blättchen von den Stielen streifen. Die Zitrone heiß abwaschen und abreiben, die Schale fein abreiben und den Saft auspressen.

5 Das Öl in einer beschichteten Pfanne erhitzen und den Tofu darin rundherum anbraten. Das vorbereitete Gemüse dazugeben und leicht mit anschwitzen. Thymian, Zitronenschale und Apfeldicksaft einrühren, mit Salz und Pfeffer würzen.

6 Brühe oder Wein und den Zitronensaft angießen, alles zugedeckt 10–15 Min. bei schwacher Hitze schmoren.

7 Den Reis abtropfen lassen, das Gemüse abschmecken, beides zusammen mit dem gebratenen Tofu anrichten.

FÜR EIN EIWEISS-MITTAGESSEN: Den Reis weglassen, dafür können Sie getrost die Mengen von Tofu und Gemüse erhöhen.

Hafer-Risotto mit Fenchel

1 große Fenchelknolle | 1 Zwiebel |
1 EL Olivenöl | 250 g Hafergrütze |
100 ml trockener Weißwein |
500 ml Gemüsebrühe | ½ Bund Petersilie | 40 g würziger Hartkäse | Salz |
schwarzer Pfeffer aus der Mühle

Für 2 Personen | ⊚ 30 Min. Zubereitung
Pro Portion 681 kcal, 26 g EW, 20 g F, 90 g KH

1 Den Fenchel waschen, putzen und in feine Streifen schneiden. Das Fenchelgrün beiseitelegen. Die Zwiebel schälen und in kleine Würfel schneiden.

2 Das Öl in einer tiefen Pfanne erhitzen, die Zwiebelwürfel darin glasig werden lassen. Die Hafergrütze dazugeben und leicht anrösten, dann mit dem Wein ablöschen.

3 Die Gemüsebrühe angießen und den Fenchel dazugeben. Alles aufkochen und bei schwacher Hitze und unter gelegentlichem Rühren 15–20 Min. garen.

4 Die Petersilie waschen und trocken tupfen, die Blättchen abzupfen und hacken. Das Fenchelgrün ebenfalls hacken.

5 Den Käse raspeln, einen Teil unter das Hafer-Risotto rühren und dieses mit Salz und Pfeffer abschmecken. Mit dem übrigen Käse sowie mit Petersilie und Fenchelgrün bestreut servieren.

Pilz-Zucchini-Risotto

15 g getrocknete Steinpilze | 1 Zucchino |
200 g kleine feste Champignons |
1 Zwiebel | 2 TL Butter | 1 EL Olivenöl |
200 g Risotto-Reis | 125 ml trockener Weißwein | 300 ml Gemüsebrühe | 1 Bund Basilikum | 30 g frisch geriebener würziger Hartkäse | Salz | schwarzer Pfeffer aus der Mühle | 50 g Amaretti

Für 2 Personen | ⊚ 45 Min. Zubereitung
Pro Portion 724 kcal, 22 g EW, 25 g F, 92 g KH

1 Die Steinpilze mit 125 ml warmem Wasser übergießen und 15 Min. einweichen.

2 Inzwischen den Zucchino waschen, putzen und klein würfeln. Die Champignons mit einem feuchten Tuch abreiben, halbieren oder vierteln. Zwiebel schälen, fein würfeln. Butter und Öl leicht erhitzen, die Zwiebel darin glasig dünsten. Reis einrühren. Zucchini und Champignons dazugeben, dann auch die Steinpilze (große Exemplare klein schneiden) mit dem Einweichwasser.

3 Nach und nach den Wein, später die Brühe zugießen. Dabei sollte der Reis die Flüssigkeit aufgenommen haben, bevor die nächste Portion dazugegossen wird. Alles ca. 20 Min. bei schwacher Hitze garen.

4 Basilikum waschen, trocken schütteln und die Blättchen abzupfen. Einige Blättchen zum Garnieren beiseitelegen, den Rest in Streifen schneiden. Mit dem geriebenen Käse unter den Reis mischen. Salzen und pfeffern. Mit Basilikum garnieren.

5 Die Amaretti als Nachtisch knabbern – nach Belieben zu einem Espresso.

Grillkäse mit gebratenen Polenta-Ecken

Salz | 140 g Polenta (Maisgrieß) | 1 Ei | Salz | schwarzer Pfeffer aus der Mühle | 125 g Grillkäse (Halloumi) | 12 Salbei-blätter | 1 EL Olivenöl | 1 kleine Dose ge-schälte gehackte Tomaten (400 g) | 2 große Ciabatta- oder Baguettebrötchen (je 80 g)

Außerdem: runde ofenfeste Schüssel oder Auflaufform mit geradem Boden (ca. 18 cm ⌀)

Für 2 Personen | ⊚ 40 Min. Zubereitung + mind. 2 Std. Kühlen
Pro Portion 737 kcal, 30 g EW, 25 g F, 95 g KH

1 500 ml leicht gesalzenes Wasser in einem Topf aufkochen lassen. Unter stän-digem Rühren den Maisgrieß einrieseln lassen und bei schwacher Hitze unter häufi-gem Rühren ca. 20 Min. köcheln lassen.

2 Den Topf mit der Polenta von der Kochstelle nehmen. Das Ei gründlich un-terrühren. Die Masse mit Salz und Pfeffer abschmecken. Die Polenta in die kalt ausgespülte Auflaufform füllen und darin mindestens 2 Std. erkalten und dabei fest werden lassen.

3 Gegen Ende der Kühlzeit für die Polenta den Grillkäse in Scheiben schneiden. Den Salbei abbrausen und trocken tupfen, in Streifen schneiden. Die Polenta aus der Form stürzen und in gleich große Torten-stücke schneiden.

4 Das Olivenöl in einer beschichteten Pfan-ne erhitzen und die Polenta-Ecken darin bei mittlerer Hitze von beiden Seiten goldbraun braten. Erst wenden, wenn sich eine gold-gelbe Kruste gebildet hat.

5 Gleichzeitig den Grillkäse in einer zwei-ten beschichteten Pfanne bei starker Hitze von beiden Seiten goldbraun braten. Zuletzt den Salbei dazugeben. Den Käse aus der Pfanne nehmen und warm halten.

6 Die gehackten Tomaten aus der Dose in die Pfanne geben, salzen, pfeffern und kurz durchkochen.

7 Polenta-Ecken, Käse und Tomatensauce zusammen anrichten. Dazu die Ciabatta- oder Baguettebrötchen genießen.

SCHNELL-VERSION: Die Polenta nicht in einer Schüssel erkalten lassen und braten, sondern frisch gekocht zum Grillkäse und der Tomatensauce servieren. Dann steht das Essen nach etwa einer halben Stunde auf dem Tisch. Und noch schneller geht's, wenn Sie Instant-Polenta vewenden, die nur in kochend heißes Wasser eingerührt wird.

Möhrentarte mit pikanter Birnensauce

Für die Tarte: 150 g Mehl | 1/2 TL Backpulver | 100 g Magerquark | 2 EL Olivenöl | Salz | 1–2 TL weiche Butter für die Form

Für die Füllung: 500 g Möhren | Salz | 2 Eier | 200 ml Milch | Cayennepfeffer

Für die Sauce: 500 g Birnen | 2 EL Zitronensaft | 1/8 TL gemahlene Vanille | Salz | schwarzer Pfeffer aus der Mühle | 5–6 Zweige Estragon

Außerdem: Gratinform (Ø 22 cm)

Für 2 Personen | ⊚ 50 Min. Zubereitung + 50 Min. Backen
Pro Portion ca. 687 kcal, 29 g EW, 20 g F, 98 g KH

1 Für die Tarte das Mehl mit Backpulver mischen. Mit Magerquark, Öl, 2–3 EL kaltem Wasser und 1 TL Salz zu einem glatten Teig verkneten. Zugedeckt 30 Min. im Kühlschrank ruhen lassen.

2 Inzwischen die Möhren waschen, putzen und schälen, in dünne Scheiben schneiden oder hobeln. In kochendes Salzwasser geben und zugedeckt 4–5 Min. garen. In ein Sieb abgießen, kalt abspülen und sehr gut abtropfen lassen. Die Eier mit der Milch, mit Salz und Cayennepfeffer verquirlen.

3 Den Backofen auf 200° vorheizen. Die Gratinform dünn mit Butter ausstreichen.

4 Den Teig noch einmal durchkneten, dann zwischen zwei Lagen Klarsichtfolie 25 cm groß ausrollen. In die Form legen und einen 1–2 cm breiten Rand formen. Die Möhren auf dem Teig verteilen und die Eiermilch darübergießen. Die Tarte im vorgeheizten Ofen (Mitte, Umluft 175°) etwa 50 Min. backen.

5 Inzwischen für die Sauce die Birnen schälen, vierteln und die Kerngehäuse entfernen, die Viertel quer in Scheiben schneiden. Zusammen mit dem Zitronensaft, 2 EL Wasser, Vanille und jeweils etwas Salz und Pfeffer in einen kleinen Topf geben. Aufkochen und zugedeckt bei mittlerer Hitze etwa 5 Min. kochen lassen.

6 Den Estragon waschen und trocken tupfen, die Blättchen abzupfen und fein hacken. Zu den Birnen geben und kräftig durchrühren. Pikant abschmecken und zu der Möhrentarte servieren.

TIPPS & VARIANTEN:

Pikante Kuchen wie die Tarte lassen sich immer wieder anders zubereiten. Nahezu jede Gemüsesorte eignet sich als Belag. Damit das Gemüse weich genug wird, andererseits aber den zarten Boden nicht durchweicht, sollte es in jedem Fall vorgegart werden.
Wichtig: Vorgegartes Gemüse wirklich gut abtropfen lassen, sonst wird der Tortenboden matschig. Die pikante Birnensauce lässt sich durch samtigen Kräuterquark ersetzen. Genießen Sie Früchte dann zum Nachtisch, die darin enthaltenen Kohlenhydrate machen satt auf frische Art.
Für mediterranen Touch 2–3 EL Pinienkerne vor dem Backen auf die Tarte streuen.
Für eine **Lauchtarte** etwa 750 g Lauch waschen, putzen und in Ringe schneiden, etwa 4 Min. vorgaren und wie die Möhren verwenden.

Grießknödel mit Äpfeln

Für die Äpfel: 600 g säuerliche Äpfel | 1 Bio-Zitrone | 1 Päckchen Vanillezucker | 1 EL Zucker

Für die Klöße: 250 ml Milch | 1 EL Butter | Salz | 1 EL Zucker | 100 g Grieß | 1 Ei

Zum Servieren: 1–2 TL gehackte Pistazienkerne | etwas Zimtpulver

Für 2 Personen | ⏲ 50 Min. Zubereitung
Pro Portion 605 kcal, 14 g EW, 19 g F, 93 g KH

1 Die Äpfel schälen, vierteln und entkernen, in Spalten schneiden. Die Zitrone heiß abwaschen und abtrocknen, die Schale fein abreiben und den Saft auspressen. Beides zusammen mit dem Vanillezucker, dem Zucker und den Äpfeln in einen breiten Topf geben. 3–4 EL Wasser angießen und die Äpfel gut zugedeckt knapp 5 Min. dünsten. Sie sollen weich werden, aber nicht zerfallen. Abkühlen lassen.

2 Für die Klöße die Milch aufkochen, Butter, 1 Prise Salz und den Zucker hineingeben. Nach und nach unter ständigem Rühren den Grieß einrieseln lassen. Unter Rühren zu einem Kloß abbrennen, dann vom Herd ziehen und das Ei sorgfältig unterrühren. Etwas abkühlen lassen.

3 Reichlich leicht gesalzenes Wasser zum Kochen bringen, die Hitze reduzieren, sodass das Wasser gerade eben siedet.

4 Mit einem Esslöffel 10–12 Portionen (etwa in der Größe von Tischtennisbällen) vom Grießteig abnehmen, mit den Händen zu Knödeln rollen. Dabei die Hände gelegentlich unter kaltes Wasser halten. Die Klöße in das siedende Wasser geben und darin bei schwacher bis mittlerer Hitze ca. 20 Min. gar ziehen lassen.

5 Zum Servieren die fertigen Knödel mit einer Schaumkelle aus dem Wasser heben und gut abtropfen lassen, zusammen mit den Äpfeln anrichten. Pistazienkerne und etwas Zimtzucker aufstreuen.

Birnen-Haferflocken-Pfannkuchen

4 kleine feste Birnen | 2 EL Zitronensaft | 3 Eier (getrennt) | 2 EL Zucker | 125 ml Milch | 2 EL zerlassene Butter (und etwas Butter zum Backen) | 75 g Mehl | 25 g zarte Haferflocken | Salz | Kakaopulver zum Bestäuben

Für 2 Personen | ⏲ 40 Min. Zubereitung
Pro Portion 612 kcal, 19 g EW, 21 g F, 89 g KH

1 Birnen schälen, vierteln, die Kerngehäuse entfernen. Die Früchte in Spalten schneiden, mit Zitronensaft beträufeln. Das Eiweiß zu steifem Schnee schlagen, dabei den Zucker einrieseln lassen. Eigelbe mit Milch, Butter, Mehl, Haferflocken und 1 Prise Salz glatt rühren. Den Eischnee unterheben.

2 In einer Pfanne etwas Butter aufschäumen lassen. Die Hälfte des Teiges hineingießen. Die Hälfte der Birnen darauf auslegen, alles zugedeckt bei sehr geringer Hitze in ca. 10 Min. garen. Anschließend aus den übrigen Zutaten einen zweiten Pfannkuchen backen. Dünn mit Kakaopulver bestäuben.

Quarksoufflé mit Heidelbeeren

4 Eier (getrennt) | 1 Päckchen Vanillezucker | 1 EL Zucker | 2 EL gemahlene Mandeln | 250 g Quark (20 % Fett i.Tr.) | Schale und Saft von ½ Bio-Zitrone | 200 g Heidelbeeren | 1–2 TL Puderzucker | 4 Milchbrötchen oder Rosinenbrötchen

Außerdem: 2 kleine Auflaufformen

Für 2 Personen | ⏲ 25 Min. Zubereitung + 30 Min. Backen
Pro Portion 758 kcal, 38 g EW, 26 g F, 89 g KH

1 Ofen auf 200° vorheizen. Das Eiweiß zu steifem Schnee schlagen, dabei den Vanillezucker einrieseln lassen. Die Eigelbe mit dem Zucker, Mandeln, Quark, Zitronenschale und Zitronensaft gründlich verrühren. Den Eischnee vorsichtig darunterheben.

2 Alles in die Formen umfüllen. Heidelbeeren verlesen und daraufstreuen. Im Ofen (Mittel, Umluft 180°) knapp 30 Min. backen. Mit Puderzucker bestäubt servieren. Dazu die Brötchen genießen.

Abendessen –
Zeit zum Genießen

Ganz egal, wann Sie Ihr Abendessen vorbereiten – es sollten zwischen dem Mittagessen und der letzten Mahlzeit des Tages auch wieder fünf Stunden liegen.

Damit Sie in der Küche zügig loslegen können, empfiehlt es sich, bestimmte Lebensmittel immer vorrätig zu haben. Bereits nach kurzer Zeit werden Sie wissen, welche lagerbaren Lebensmittel in Ihrer Veggie-Küche häufig vorkommen und beliebt sind. So machen Sie dann ab und zu einen Vorrats-Großeinkauf und besorgen nur noch zwei bis drei Mal pro Woche frische Lebensmittel wie Obst, Gemüse, Salat oder Eier.

Ebenfalls empfiehlt sich eine Wochenplanung, was wann auf den Tisch kommt. Gerade in der ersten Zeit der Ernährungsumstellung ist das hilfreich, da Sie sonst abends in der Küche stehen und unter Umständen von Heißhunger geplagt werden, während Sie am Herd stehen. Zur Überbrückung stellen Sie sich dann eine kleine Schüssel mit Essiggürkchen oder Oliven, einen Naturjoghurt, ein paar Gurken- oder Tomatenscheiben oder einige Nüsse bereit, die Sie knabbern, während Sie kochen.

Abnehmen leicht gemacht – mit Eiweiß

Die abendliche Eiweißmahlzeit bereitet Ihren Körper optimal auf die nächtliche Fettverbrennung vor. Denn die Proteine werden zum

Muskelaufbau verwertet und Überschüsse in Wärme umgewandelt. Nichts davon landet in den Fettspeichern. Ganz im Gegenteil: Das Eiweiß unterstützt die Ausschüttung des Wachstumshormons, das mit den Eiweißbausteinen, den Aminosäuren, jede Nacht 50 bis 70 Millionen Zellen erneuert und das die Fettzellen entriegelt, während Sie schlafen.

Eine Eiweißmahlzeit am Abend hat verschiedene unschlagbare Vorteile. Zum einen sättigt sie hervorragend, und Sie geraten nicht in Gefahr, nächtens den Kühlschrank oder das Eisfach zu plündern. Die Rezepte, die Sie in diesem Buch finden, machen Sie zum anderen auch als anspruchsvolle Genießerin bzw. als anspruchsvollen Genießer glücklich. Alle Abendessen sind auch gut für Einladungen geeignet, wenn Sie Ihre Gäste einmal vegetarisch verwöhnen möchten. Dazu verdoppeln oder verdreifachen Sie einfach die jeweils angegebenen Zutatenmengen.

Mindestens ebenso erfreulich ist Vorteil Nummer drei: In den letzten acht Jahren wurden sogenannte Preload-Studien durchgeführt, von denen sechs das höhere Sattheitsgefühl bei einer proteinreicheren Ernährungsweise belegten. Zudem wurde beobachtet, dass eine eiweißreiche Kost einen positiven Einfluss auf die Körperzusammensetzung hat. Die Muskelmasse wird dabei besser geschützt und erhalten als bei anderen Diätformen, z. B. kalorien- oder fettreduzierten Diäten. Laut der derzeit geltenden Empfehlung der Deutschen Gesellschaft für Ernährung (DGE) und der Deutschen Adipositas-Gesellschaft sollte der Anteil von Eiweiß in der Nahrung 15 Prozent betragen. Wenn Sie abnehmen möchten, empfehlen die Gesellschaften eine Erhöhung auf 20 oder 30 Prozent, natürlich immer unter der Voraussetzung, dass die Gesamtkalorienzahl, die Sie jeden Tag zu sich nehmen, ungefähr zwischen 1600 und 2200 liegt (je nach BMI).

Getränke zum Abendessen

Ideal als Begleiter zum Abendessen sind
▶ Leitungswasser
▶ Mineralwasser
▶ Kräutertee, ungesüßt
▶ Grüner Tee oder Kaffee (ungesüßt; aber Vorsicht: beide Getränke halten wach!)

INFO

Nachgewiesen:
Eiweiß hält schlank

Zwei Studien aus dem Jahr 2003 (Samaha et al. und Foster et al.) verglichen eine proteinreiche Low-Carb-Diät (22 Prozent Eiweiß, 37 Prozent Kohlenhydrate) mit einer fettarmen Diät (16 Prozent Eiweiß). Nach sechs Monaten hatten die Teilnehmer der Studie, die sich an die proteinreiche Diät hielten, im Durchschnitt 5,8 Kilogramm Gewicht verloren. Die Teilnehmer, die sich fettarm ernährten, brachten gerade einmal 1,9 Kilogramm weniger auf die Waage. Doch Eiweiß beschleunigt nicht nur den Anfangserfolg: Es sorgt auch für einen langfristigen Abnehmerfolg. Im Rahmen der von der EU geförderten Diogenes-Studie (Diet, Obesity und Genes-Study) hielten sich 700 Familien zwei Monate lang an eine sehr strenge Diät (nur Eiweiß-Shakes) mit einer Energieaufnahme von 800 Kalorien pro Tag. 11 Kilogramm nahmen die Teilnehmer dabei im Mittel ab. Nach der Diät hielten jedoch nur die Teilnehmer ihr Gewicht am besten, die eine sehr eiweißreiche Kost (25 Prozent der Nahrung) in Kombination mit Vollkornprodukten und Gemüse bevorzugten, die den Blutzucker und damit das Insulin nur langsam ansteigen ließen.

- Zero-Limonade oder -Cola
- Buttermilch, Kefir, fettarme Milch oder Molke (200 ml)

Ein Glas Wein (0,2 l) oder ein Bier (0,3 l) am Abend können Sie sich gönnen. Wenn Sie mehr Alkohol trinken, stoppen Sie jedoch den nächtlichen Fettverbrennungsprozess. Denn die Leber baut zuerst die Energie aus dem Alkohol ab. Das wiederum bremst den Insulinabbau.

Schlafen Sie sich schlank!

Fast genauso wichtig wie Ihre abendliche Eiweißmahlzeit ist das richtige Quantum Schlaf. Das sind im Durchschnitt sieben bis acht Stunden. Denn zu kurze Nächte wirken sich ungünstig auf den Stoffwechsel und auch auf den nächtlichen Fettabbau aus. Eine Studie, die in dem Schlaflabor der Universität Lübeck durchgeführt wurde zeigte, dass extreme Kurzschläfer Zucker aus der Nahrung fast genauso schlecht abbauten wie Diabetiker im Frühstadium. Der Schlafmangel sorgt dabei für eine vorübergehende Insulinresistenz, indem er das vegetative Nervensystem wie bei einer Stresssituation in Alarm setzt. Die zu hohen Insulinspiegel blockieren die Fettzellen und lähmen zugleich den Bewegungsdrang, so dass man sich schlapp fühlt. Deshalb: Nutzen Sie Ihre Abende und ein schönes Abendessen zur Entschleunigung und zum Abschalten. So kommen Sie auch nach einem stressreichen Tag zur Ruhe.

Brotzeit am Abend? Geht jetzt doch – mit Eiweiß-Abendbrot!

Lange Zeit war im Schlank-im-Schlaf-Programm Brot zum Abendessen verpönt. Der Grund: Die Getreidestärke lässt den Insulinspiegel in die Höhe schießen und bremst den Fettabbau während des Nachtschlafs. Eine neue Eiweißteig-Entwicklung fast ohne Mehl lässt nun Genießerherzen höher schlagen und garantiert trotzdem Abnehmerfolge: das Eiweiß-Abendbrot. Rein pflanzliches Weizen-, Soja- und Lupineneiweiß, braune und gelbe Leinsamen, Sonnenblumenkerne, Soja- und sehr wenig Weizenvollkornmehl, Weizenkleie, Apfelfaser (Pektin), Hefe, Sesamkörner, Salz und geröstetes Gerstenmalzmehl sind die Zutaten für ein gesundes Brot, das Sie ab jetzt auch abends essen können, ohne dass der Insulinspiegel aus dem Ruder läuft.

Die ausgeklügelte Rezeptur ist nach monatelangen Versuchen mit engagierten Bäckereimeistern und Lebensmittelchemikern endlich gelungen. Das Brot besitzt einen deutlich höheren Eiweißanteil als beispielsweise ein Steak (21 Prozent) und im Durchschnitt vier bis fünf Mal mehr als normales Weizen- oder Mischbrot. Zugleich enthält es fünf bis sechs Mal weniger Kohlenhydrate als diese. Insofern passt nun doch ein Brot wunderbar in den Rahmen der Schlank-im-Schlaf-Ernährung sowie in alle Trennkost- und Low-Carb-Konzepte. Die gemessene Insulinkurve ist ideal niedrig! Die ungesättigten Leinölfette

Nährwertanalyse des Eiweiß-Abendbrots

Eiweißbrot enthält durchschnittlich pro 100 g

Energie	248 kcal
Eiweiß	26,0 g
Fette	10,3 g
davon gesättigte Fettsäuren	1,3 g
Kohlenhydrate	7,4 g
davon Zucker	0,7 g
Ballaststoffe	10,0 g
Natrium	0,4 g

enthalten sogar Omega-3-Fettsäuren. Der Ballaststoffanteil ist mit 10 g/100 g ideal, und sogar in Bio-Qualität ist es zu kaufen.

Natürlich können Sie das Eiweißbrot nicht nur abends genießen. Wenn Sie Ihren Ab-nehmerfolg beschleunigen möchten, können Sie damit auch morgens zum Frühstück eine reine Eiweißmahlzeit zu sich nehmen oder sich auch für die Mittagspause Eiweißbrot-Sandwiches zubereiten.

Abendessen ohne Kochen

2 hart gekochte Eier + 2 Scheiben Eiweißbrot + 100 g Kräuterquark (Magerstufe) + 1 Handvoll Radieschen	398 kcal/19 g Fett
150 g gemischter Salat (Kühl-Frischetheke) + 75 g fettarmes Joghurt-Salatdressing + 100 g Räuchertofu	330 kcal/23 g Fett
100 g leichter Eiersalat (50 g; z. B. von Du darfst) + 2 Scheiben Eiweißbrot + 1 großes Stück Salatgurke, geschält und in Stücke geschnitten	310 kcal/20 g Fett
2 Scheiben Eiweißbrot + 100 g Sojawurst (Aufschnitt) + 100 g Sauerkrautsalat (aus frischem Sauerkraut, 1 EL Öl, 3 EL Brühe und Kräuter)	382 kcal/18 g Fett
2 Sojawürstchen (ca. 100 g) + 2 Scheiben Eiweißbrot + 200 g Rettich, gehobelt und mit etwas Kräutersalz bestreut	399 kcal/21 g Fett
2 Tofu-Bratfilets (je 80 g; z. B. Pizza-Pizza von Taifun) + 1/2 Salatgurke + 4–5 EL leichtes Kräuterdressing (Gurke schälen, hobeln und mit dem Dressing anmachen)	397 kcal/25 g Fett
100 g Brotaufstrich Paprika & Peperoni (z. B. von Homann) + 2 Scheiben Eiweißbrot + 1 Becher fettarmer Joghurt (150 g)	365 kcal/14 g Fett
150 g gemischter Salat (Kühltheke) + 150 g fettarmer Joghurt (mit Mineralwasser, Gewürzen und Kräutern zum leichten Dressing verrührt) + 125 g Mozzarella Light + 10 g gehobelte Haselnusskerne	353 kcal/19 g EW
2 Kohlrabiknollen (geschält und in dicke Stifte geschnitten) + 250 g fettarmer Kräuter- oder Paprikaquark + 100 g gewürzter Tofu (z. B. mediterran) + 2 EL Kapern	372 kcal/7 g Fett

Antipasti-Salat

2 Zucchini (nach Belieben gelb und grün) |
1 Aubergine | 1 Paprikaschote | 3–4 feste
Tomaten | 1 Knoblauchzehe | 3 EL Oliven-
öl | Salz | schwarzer Pfeffer aus der
Mühle | 1 TL getrockneter Oregano |
½ Handvoll Basilikumblättchen | 4 EL
Aceto balsamico | 100 g Eiweiß-Abend-
brot | 250 g Joghurt (1,5 % Fett)

Außerdem: Tischgrill oder Grillpfanne

Für 2 Personen | ⏲ 30 Min. Zubereitung
Pro Portion 378 kcal, 23 g EW, 23 g F, 18 g KH

1   Das Gemüse waschen und putzen. Die
Zucchini in Scheiben schneiden. Aubergine
erst in Scheiben, diese dann in breite Streifen schneiden. Paprika ebenfalls in Streifen
schneiden. Tomaten halbieren.

2   Den Knoblauch schälen und zerdrücken,
mit Olivenöl, Salz, Pfeffer und dem Oregano
verrühren. Das Gemüse darin wenden.

3   Einen Tischgrill oder eine Grillpfanne
erhitzen, das Gemüse portionsweise ohne
weitere Fettzugabe bei recht starker Hitze
rundherum anbraten. Tomaten beiseitestellen, Zucchini und Aubergine bei reduzierter
Hitze rundherum noch ca. 5 Min. braten.

4   Das Basilikum waschen, trocken tupfen,
die Blätter abzupfen und mit dem Gemüse
anrichten. Aceto balsamico darüberträufeln,
nochmals mit Salz und Pfeffer würzen. Das
Brot in Streifen schneiden und in einer Pfanne rösten, obenauf streuen.

5   Den Joghurt mit Salz und Pfeffer würzen
und ebenfalls zum Salat geben.

Spargelsalat mit Radieschen-Vinaigrette

2 Eier | 750 g Spargel | Salz | 1 Bund
Radieschen | 2 EL Weinessig | 2 EL kräftige
Gemüsebrühe | 2 EL Sojaöl | 2 EL Walnuss-
öl | schwarzer Pfeffer aus der Mühle |
1 Handvoll frischer Kerbel | 2 Becher fett-
armer Joghurt (1,5 % Fett) | Süßstoff nach
Belieben

Für 2 Personen | ⏲ 45 Min. Zubereitung
Pro Portion 366 kcal, 19 g EW, 25 g F, 13 g KH

1   Die Eier anstechen, in kochendes Wasser
legen und in 8–10 Min. hart kochen. Inzwischen den Spargel waschen und schälen,
die Stangen dritteln. Wenig leicht gesalzenes Wasser aufkochen lassen. Den Spargel
darin zugedeckt in 8–12 Min. (je nach Dicke
der Stangen) bissfest dünsten.

2   Die Radieschen waschen, putzen und in
Scheiben schneiden. Aus dem Essig, Brühe,
beiden Ölsorten sowie Salz und Pfeffer eine
Vinaigrette aufschlagen. Abschmecken, die
Radieschen darin wenden.

3   Die Eier kalt abschrecken und schälen,
abkühlen lassen. Den Spargel gut abtropfen
lassen und sofort in der Vinaigrette wenden.

4   Den Spargelsalat auf zwei Tellern anrichten. Die Eier hacken. Den Kerbel abbrausen
und trocken tupfen, die Blättchen abzupfen
und grob hacken. Eier und Kerbel über den
Spargelsalat streuen.

5   Den Joghurt nach Belieben mit Süßstoff
abschmecken. Als Nachtisch genießen.

Kräutersalat mit Ziegenkäsetörtchen

1 dicker Zucchino (ca. 300 g) | Salz | schwarzer Pfeffer aus der Mühle | 80 g Ziegenweichkäse als Rolle (45 % Fett i.Tr.; 26 g Fett absolut) | 1 Bund gemischte Kräuter (ersatzweise je einige Zweige glatte Petersilie, Thymian, Sauerampfer, Basilikum) | 1 Handvoll Rucola | 125 g Kirschtomaten | 2 EL Walnussöl | 4 EL kräftige Gemüsebrühe | 4 EL Apfelessig | 500 g fettarmer Kefir (1,5 % Fett; oder Buttermilch bzw. Dickmilch)

Außerdem: ofenfeste Form

Für 2 Personen | ⊕ ca. 25 Min. Zubereitung
Pro Portion 343 kcal, 20 g EW, 21 g F, 14 g KH

1 Den Backofen auf 225° (Umluft 200°) vorheizen. Den Zucchino waschen und aus der Mitte 4 Scheiben (je ca. 1 cm dick) schneiden. Den Rest zuerst in Scheiben, dann in feine Stifte schneiden und beiseitelegen.

2 Die Zucchinischeiben nebeneinander in eine ofenfeste Form legen, salzen und pfeffern. Auf der mittleren Schiene im vorgeheizten Ofen ca. 5 Min. garen.

3 Den Ziegenkäse in vier Scheiben schneiden und auf die Zucchinischeiben legen. Im vorgeheizten Ofen ca. 5 Min. überbacken.

4 Inzwischen eine beschichtete Pfanne erhitzen, die Zucchinistifte darin 1–2 Min. braten, zwischendurch salzen und pfeffern. Die Kräuter und den Rucola waschen und gut trocken schütteln, verlesen und grob zerrupfen. Die Tomaten waschen, trocken tupfen und nach Belieben halbieren.

5 In einer großen Schüssel das Öl mit der Gemüsebrühe und dem Essig kräftig verrühren, mit Salz und Pfeffer abschmecken. Die Salatzutaten einschließlich der Zucchinistifte darin wenden. Auf Teller verteilen, die Zucchini-Käse-Törtchen daraufsetzen. Den Kefir dazutrinken.

Radicchio-Chicorée-Salat mit Käsedressing

1 Bund Basilikum | 2 Eier | 2 EL Oliven-
öl | 2 EL Weißweinessig | 100 ml fettarme
Milch (1,5 % Fett) | 60 g frisch geriebener
würziger Hartkäse | schwarzer Pfeffer
aus der Mühle | 1 Kopf Radicchiosalat |
2 Chicoréestauden

Für 2 Personen | 🕐 30 Min. Zubereitung
Pro Portion 367 kcal, 22 g EW, 27 g F, 5 g KH

1 Basilikum abbrausen, trocken tupfen,
Blätter abzupfen und hacken. In einem Topf
Eier, Olivenöl, Weinessig und Milch verquirlen. Langsam unter ständigem Rühren
erhitzen, bis die Sauce cremig geworden ist.
Vom Herd nehmen, den geriebenen Käse
unterrühren und schmelzen lassen. Die
Hälfte des Basilikums unter die Käsesauce
rühren und diese mit Pfeffer würzen.

2 Radicchio und Chicorée putzen, waschen
und trocken schleudern, in Streifen schneiden und auf Teller verteilen. Das Dressing
leicht erwärmen und über den Salat träufeln. Das restliche Basilikum aufstreuen.

Bunter Kreta-Salat

250 g Tomaten | ½ Salatgurke | 1 Gemüse-
zwiebel | 1 kleine grüne Paprikaschote |
½ Bund glatte Petersilie | Salz | frisch ge-
mahlener schwarzer Pfeffer | 2 EL Wein-
essig | 2 EL Olivenöl | 2 EL Gemüsebrühe |
4 eingelegte Peperoni | 2 EL Oliven | 180 g
fettarmer Fetakäse

Für 2 Personen | 🕐 20 Min. Zubereitung
Pro Portion 362 kcal, 22 g EW, 23 g F, 15 g KH

1 Das Gemüse waschen und putzen. Die
Tomaten und die Gurke entkernen und würfeln. Die Zwiebel in dünne Scheiben schneiden, die Scheiben halbieren oder vierteln.
Die Paprikaschote in Streifen schneiden.

2 Die Petersilie waschen und trocken
tupfen, die Blättchen abzupfen und grob
hacken. Mit Salz, Pfeffer, Weinessig, Olivenöl und Brühe verrühren.

3 Peperoni und Oliven abtropfen lassen,
den Schafkäse zerbröckeln. Alles zusammen mit dem vorbereiteten Gemüse anrichten und das Dressing darüberträufeln.

Gemüsesalat mit Petersiliendressing

Für den Salat: 2 EL Pinienkerne | 1 Bund Radieschen | ½ Salatgurke | 1 kleiner Kohlrabi | 1 grüne Paprikaschote

Für das Dressing: 1 Zitrone | 1 Bund glatte Petersilie | Salz | schwarzer Pfeffer aus der Mühle | 3 EL Olivenöl | 125 g fettarmer Mozzarella

Außerdem: 2 Becher fettarmer Joghurt (je 125 g, 1,5 % Fett)

Für 2 Personen | ⏲ 30 Min. Zubereitung
Pro Portion 376 kcal, 22 g EW, 26 g F, 11 g KH

1 Die Pinienkerne in einer beschichteten Pfanne ohne Fettzugabe goldbraun rösten, bis sie duften. Beiseitestellen.

2 Das Gemüse waschen. Radieschen putzen und in dünne Scheiben schneiden. Die Salatgurke schälen, längs halbieren und die Hälften in ½ cm dicke Scheiben schneiden.

3 Den Kohlrabi schälen und in dünne Scheiben, diese in Streifen schneiden. Die Paprika entkernen, putzen und in feine Streifen schneiden.

4 Für das Dressing die Zitrone auspressen. Die Petersilie waschen und trocken tupfen, die Blättchen abzupfen und fein hacken. Beides in einer Salatschüssel mit Salz und Pfeffer verrühren, dann das Öl gründlich darunterschlagen.

5 Das vorbereitete Gemüse in dem Dressing wenden, den Salat abschmecken und mit den Pinienkernen bestreuen. Den Mozzarella klein schneiden und dazugeben. Den Joghurt als Nachtisch löffeln.

SO WIRD'S EIN MITTAGESSEN: Der Gemüsesalat eignet sich auch gut für die Lunch-Box. Kaufen Sie auf dem Weg zum Arbeitsplatz pro Portion zwei Roggenbrötchen, und nehmen Sie zusätzlich einen Apfel, eine Banane oder eine Birne mit.

Käse-Pilz-Salat

10–15 Zweige Zitronenthymian (oder herkömmlicher Thymian) | 250 g Kräuterseitlinge | 2 EL Olivenöl | Salz | schwarzer Pfeffer aus der Mühle | 125 g Camembert (40 % F.i.Tr.) | 2 Romanasalat-Herzen | 200 g fettarmer Joghurt (1,5 % Fett) | 2 EL TK-Salatkräuter | 1 Prise Chiliflocken (getrocknete geschrotete Chilis)

Für 2 Personen | ⏲ 30 Min. Zubereitung
Pro Portion 331 kcal, 23 g EW, 25 g F, 4 g KH

1 Den Thymian waschen und trocken tupfen, die Blättchen von den Stielen streifen. Die Kräuterseitlinge waschen oder mit einem feuchten Tuch abreiben und putzen, dann in Scheiben schneiden oder würfeln.

2 1 EL Öl in einer beschichteten Pfanne erhitzen, die Pilze darin rundherum gut 5 Min. bei mittlerer bis starker Hitze braten. Mit Salz, Pfeffer und dem Thymian würzen.

3 Inzwischen den Camembert klein schneiden. Den Romanasalat waschen, trocken schütteln und putzen, aber nicht in einzelne Blätter zerlesen. Die Stauden quer in 1–2 cm dicke Scheiben schneiden.

4 Salat, Camembert und die Pilze zusammen anrichten. Das restliche Öl mit dem Joghurt und den Kräutern verquirlen, mit Salz, Pfeffer und den Chiliflocken pikant abschmecken. Über die anderen Zutaten träufeln und sofort servieren.

VARIANTEN: Salate wie diesen können Sie mit immer anderen Pilz-, Käse- und Salatsorten ständig neu kombinieren. Probieren Sie einmal Pfifferlinge mit Bergkäse und Radicchio. Für eine milde Kombi eignen sich kleine helle Champignons mit Butterkäse und Friséesalat, für mehr Würze nehmen Sie feste braune Champignons zusammen mit Gorgonzola und Rucola.

Rotkohltopf mit Räuchertofu

2 Knoblauchzehen | 2 EL Öl | Salz | schwarzer Pfeffer aus der Mühle | 250 g Räuchertofu | 400–500 g Rotkohl (siehe Tipp) | 1 EL Apfelessig | 500 ml Gemüsebrühe | 20 g frischer Ingwer | 200 g Joghurt (1,5 % Fett) | 1 TL Currypulver | Tabasco

Für 2 Personen | ⏲ 35 Min. Zubereitung
Pro Portion 335 kcal, 26 g EW, 20 g F, 13 g KH

1   Den Knoblauch schälen und zerdrücken, mit dem Öl, Salz und Pfeffer verrühren. Den Tofu würfeln und darin wenden.

2   Den Rotkohl waschen und putzen. Den Strunk entfernen, den Kohl dann in feine Streifen schneiden.

3   Den Tofu in einem Topf leicht anbraten. Rotkohl, Essig und Gemüsebrühe dazugeben, alles aufkochen und zugedeckt bei schwacher Hitze ca. 20 Min. köcheln lassen.

4   Den Ingwer schälen und fein reiben. Mit Joghurt und Currypulver verrühren, mit Salz und Pfeffer abschmecken.

5   Den Rotkohltopf mit Salz, Pfeffer und Tabasco abschmecken. Auf tiefe Teller verteilen, den Ingwerjoghurt daraufgeben.

TIPP: Manchmal gibt es sehr kleine Rotkohlköpfe zu kaufen, die gerade einmal 600 g wiegen. Meist aber sind die Köpfe größer und schwerer. Kein Problem – denn Rotkohl hält sich im Kühlschrank locker zwei oder drei Wochen. Kaufen Sie also einen größeren Kopf. Und bereiten Sie aus dem Rest an einem anderen Tag einen Rohkostsalat oder eine Gemüsebeilage zu.

Schmorgurkentopf mit Eier-Mandel-Crumble

3 Eier | 30 g gehackte Mandeln | 600 g kleine Schmorgurken | 1 Gemüsezwiebel | 1 TL Öl | 500 ml Gemüsebrühe | Salz | schwarzer Pfeffer aus der Mühle | ½ Bund Dill

Für 2 Personen | ⏲ 30 Min. Zubereitung
Pro Portion 341 kcal, 19 g EW, 25 g F, 11 g KH

1   Die Eier anstechen und in Wasser in ca. 10 Min. hart kochen. Die Mandeln in einer kleinen beschichteten Pfanne ohne Fettzugabe goldbraun rösten. Beiseitestellen.

2   Schmorgurken waschen, putzen und in Scheiben schneiden. Gemüsezwiebel schälen und fein würfeln. Das Öl erhitzen, Zwiebelwürfel darin glasig dünsten. Die Gurken dazugeben und anschwitzen. Mit Gemüsebrühe ablöschen. Aufkochen, zugedeckt bei schwacher Hitze 15 Min. köcheln lassen.

3   Die Eier schälen und klein würfeln, mit den Mandeln, Salz und Pfeffer vermischen.

4   Dill waschen und trocken tupfen, die Blättchen abzupfen und fein hacken. Zum Gurkentopf geben, diesen mit Salz und Pfeffer würzen und auf tiefe Teller füllen. Die Eier-Mischung daraufstreuen.

VARIANTE: Schmorgurken gibt es nur in den Sommermonaten zu kaufen. Sie können aber ebenso gut Zucchini verwenden.

SO WIRD'S EIN MITTAGESSEN: Garen Sie in einem separaten Topf ca. 150 g Reis oder kleine Nudeln und mischen Sie diese unter die Schmorgurken. Gießen Sie noch etwas Brühe an. Zusätzlich dürfen Sie dann einen Obstbecher genießen.

Überbackene Zwiebelsuppe

400 g Zwiebeln | 200 g gewürzter Tofu |
2 EL Öl | 1 Knoblauchzehe | Salz |
schwarzer Pfeffer aus der Mühle | etwas
Kümmel | 500 ml kräftige Gemüsebrühe |
½ Bund Schnittlauch | 50 g geriebener
Emmentaler

Außerdem: 2 ofenfeste Tassen

Für 2 Personen | ⏱ 35 Min. Zubereitung
Pro Portion 375 kcal, 26 g EW, 24 g F, 13 g KH

1 Die Zwiebeln schälen, halbieren, auf die
Schnittflächen legen und in dünne Scheiben
schneiden. Den Tofu 1 cm groß würfeln.

2 Das Öl in einem Topf leicht erhitzen,
die Zwiebeln hineingeben. Den Knoblauch
schälen und dazupressen. Alles mit Salz,
Pfeffer und Kümmel würzen und die Zwiebeln bei mittlerer Hitze goldbraun braten.

3 Den Tofu zu den Zwiebeln geben und
kurz mit anbraten. Die Brühe angießen und
alles 15 Min. köcheln lassen.

4 Den Backofen auf 225° (Umluft 200°) vorheizen. Den Schnittlauch waschen, trocken
tupfen und in Röllchen schneiden.

5 Die Suppe abschmecken und in die
ofenfesten Tassen geben. Den Käse aufstreuen, die Suppe im Ofen 5–10 Min. überbacken. Zum Servieren den Schnittlauch
daraufstreuen.

SO WIRD'S EIN MITTAGESSEN: 100 g alt-
backenes Bauernbrot in Scheiben schneiden und
im Toaster toasten. Oder das Brot würfeln und
in einer beschichteten Pfanne ohne Fettzugabe
knusprig hellbraun rösten. Auf tiefe Teller geben,
die Suppe darüber verteilen. Jeder kann dann
getrost noch ein großes Brötchen zur Suppe und
einen Becher Fruchtquark danach genießen.

Kräuterrahm mit Tomaten-Eierstich

Für den Eierstich: 3 Eier | 200 ml fettarme Milch (1,5 % Fett) | Salz | weißer Pfeffer aus der Mühle | 2 EL Tomatenmark | 1 TL Butter für die Form

Für die Suppe: 100 g Blattspinat | 1 großes Bund gemischte Kräuter | 1 große Zwiebel | 1 TL Butter | 500 ml Gemüsebrühe | Salz | schwarzer Pfeffer aus der Mühle | frisch geriebene Muskatnuss | 70 g Sahne

Außerdem: ofenfeste Form (ca. 17 cm ⌀)

Für 2 Personen | ⏱ 40 Min. Zubereitung
Pro Portion 335 kcal, 18 g EW, 24 g F, 12 g KH

1 Für den Eierstich die Eier mit Milch, Salz, Pfeffer und dem Tomatenmark verquirlen. Nicht schaumig schlagen! Die Form mit Butter ausstreichen. Die Eiermilch hineingießen, die Form mit Alufolie verschließen.

2 Ein Küchentuch in einen breiten Topf legen. Die Form mit der Eiermilch hineinstellen. So viel heißes Wasser in den Topf gießen, dass die Form bis zur Hälfte darin steht. Das Wasser aufkochen lassen, dann die Eiermilch bei ganz schwacher Hitze zugedeckt in ca. 20 Min. stocken lassen.

3 Inzwischen für die Suppe den Blattspinat und die Kräuter waschen, verlesen und grob hacken. Die Zwiebel schälen und würfeln. Die Butter in einem Topf erhitzen, die Zwiebel darin glasig werden lassen. Spinat und die Kräuter hineingeben und kurz anschwitzen, dann mit der Brühe ablöschen. Zugedeckt 10 Min. köcheln lassen.

4 Den Eierstich aus der Form auf einen Teller stürzen und in Tortenstücke schneiden. Auf tiefe Teller geben.

5 Die Suppe pürieren und wieder aufkochen lassen, mit Salz, Pfeffer und Muskatnuss abschmecken. Die Sahne steif schlagen und locker unter die Suppe rühren – sie soll dabei leicht schaumig werden. Um den Eierstich herum auf die Suppenteller geben, sofort servieren.

Spinat-Türmchen

300 g TK-Blattspinat | Salz | schwarzer
Pfeffer aus der Mühle | frisch geriebene
Muskatnuss | 100 g Silberzwiebeln (aus
dem Glas, oder Perlzwiebeln) | 4 Eier | 1 EL
Olivenöl | edelsüßes Paprikapulver | 4 ein-
gelegte rote Peperoni oder etwas eingelegter
Paprika | 100 g Ricotta | 4 Minzeblättchen

Für 2 Personen | ⏱ 35 Min. Zubereitung
Pro Portion 343 kcal, 24 g EW, 24 g F, 6 g KH

1 Den Blattspinat in einen kleinen Topf
geben und bei ganz schwacher Hitze und
unter häufigem Rühren auftauen lassen.
Aufkochen, dann mit Salz, Pfeffer und Muskatnuss abschmecken. Die Silberzwiebeln
klein schneiden und daruntermischen.

2 Die Eier gründlich verquirlen und mit
Salz und Pfeffer würzen. Etwas Olivenöl
in einer breiten beschichteten Pfanne ver-
streichen und erhitzen. Aus der Eiermasse
kleine runde »Puffer« braten: Dafür jeweils
ca. 2 EL Eiermasse in die Pfanne geben und
mit einem Holzspatel in eine möglichst
runde Form bringen.

3 Nach und nach 12–16 Puffer braten,
dabei zwischendurch erneut einige Tropfen
Öl in die Pfanne geben. Fertige »Puffer« zugedeckt warm halten.

4 Jeweils drei oder vier Puffer mit etwas
Spinat dazwischen zu Türmchen stapeln.
Jeweils zwei Türmchen zusammen auf einen
Teller setzen. Mit Paprikapulver bestäuben,
die eingelegten Peperoni oder etwas Paprika und den Ricotta dazuservieren. Minze
waschen, trocken tupfen, Blättchen abzupfen und den Ricotta damit garnieren.

Kräutertöpfchen mit Tomaten

½ Bund gemischte Kräuter (z. B. Kräuter für
Frankfurter Grüne Sauce; ersatzweise glatte
Petersilie) | 250 g Magerquark | 150 g
Vollmilch-Joghurt | 5 g Agar-Agar | Salz |
schwarzer Pfeffer aus der Mühle | 300 g To-
maten | 2 EL Aceto balsamico | 2 EL Oli-
venöl | 30 g Mandelblättchen

Für 2 Personen | ⏱ 30 Min. Zubereitung +
2–3 Std. Gelieren
Pro Portion 346 kcal, 25 g EW, 21 g F, 12 g KH

1 Die Kräuter kalt abbrausen, trocken
schütteln und bis auf einige Blättchen zum
Garnieren fein hacken.

2 Quark und Joghurt in eine Schüssel
geben, mit einem Schneebesen kräftig
durchrühren. Agar-Agar in einem kleinen
Topf mit 100 ml Wasser verrühren, 2 Min.
aufkochen, dann tropfenweise unter die
Quark-Joghurt-Mischung rühren. Kräuter
darunterrühren, alles salzen und pfeffern.

3 2 Becher oder Förmchen mit kaltem
Wasser ausspülen, die Kräutermasse hi-
neinfüllen. Zugedeckt für 2–3 Std. in den
Kühlschrank stellen und gelieren lassen.

4 Zum Servieren Tomaten waschen und
würfeln, dabei Kerne und Stielansätze
entfernen. Mit Essig und dem Öl vermengen, salzen und pfeffern. Nach Belieben
die Förmchen in warmes Wasser stellen,
die Creme auf Teller stürzen oder im Glas
servieren. Mit den Tomaten anrichten, mit
Kräutern garnieren. Die Mandeln in einer
Pfanne ohne Fettzugabe anrösten und über
die anderen Zutaten streuen.

Omelett mit buntem Paprikagemüse

je 1 grüne, gelbe und rote Paprikaschote | 1 große Zwiebel | 1 EL Butter | Salz | schwarzer Pfeffer aus der Mühle | edelsüßes Paprikapulver | 4 Eier | 150 ml fettarme Milch (1,5 % Fett) | 1 Bund glatte Petersilie | 1 Bund Schnittlauch

Für 2 Personen | 🕙 25 Min. Zubereitung
Pro Portion 309 kcal, 20 g EW, 19 g F, 14 g KH

1 Die Paprikaschoten putzen, waschen und entkernen, dann die Schoten in schmale Streifen schneiden. Die Zwiebel schälen und fein würfeln.

2 1 TL Butter in einem Topf aufschäumen und die Zwiebelwürfel darin glasig werden lassen. Die Paprikastreifen dazugeben und 5–10 Min. unter Rühren sanft garen. Das Gemüse mit Salz, Pfeffer und Paprikapulver würzen.

3 Parallel dazu die Eier mit der Milch glatt rühren. Die Kräuter waschen und trocken tupfen. Die Petersilienblätter abzupfen, einige Blättchen zum Garnieren beiseitelegen, die restlichen hacken. Den Schnittlauch in Röllchen schneiden. Gehackte Petersilie und die Schnittlauchröllchen unter die Eiermilch rühren.

4 Die restliche Butter in einer großen beschichteten Pfanne erhitzen. Die Eiermilch hineingießen, in der Pfanne verteilen und das Omelett zugedeckt bei schwacher Hitze stocken lassen. Omelett in Tortenstücke schneiden, zusammen mit dem Paprikagemüse anrichten und mit der restlichen Petersilie bestreuen.

SO WIRD'S EIN MITTAGESSEN: Kochen Sie zusätzlich 200 g Naturreis und würzen Sie ihn leicht scharf mit getrockneten Chilibröseln, scharfem Paprikapulver oder einigen Tropfen Tabasco. Als Nachtisch dürfen Sie unbeschwert noch einen Obstsalat genießen.

Wirsing-Eierkuchen-Rolle

½ kleiner Wirsingkohl (ca. 400 g) | 1 Zwiebel | 1 EL Butter | Salz | schwarzer Pfeffer aus der Mühle | 100 ml Gemüsebrühe | 4 Eier | 1 EL Schnittlauchröllchen | 2 EL Tomatenmark | 30 g geriebener Emmentaler

Für 2 Personen | ⏱ 45 Min. Zubereitung
Pro Portion 347 kcal, 24 g EW, 25 g F, 6 g KH

1 Den Wirsingkohl waschen und putzen. Die beiden äußeren Blätter ganz lassen, nur den harten Mittelstrunk keilförmig herausschneiden. Den Rest vom Wirsing in schmale Streifen schneiden. Die Zwiebel schälen und fein hacken.

2 Ca. 1 TL Butter in einem Topf leicht erhitzen, die Zwiebelwürfel darin glasig werden lassen. Die Wirsingstreifen dazugeben und mit Salz und Pfeffer würzen. Die Gemüsebrühe angießen und den Wirsing zugedeckt bei schwacher Hitze 15 Min. dünsten.

3 Inzwischen die ganzen Wirsingblätter in reichlich kochendem Salzwasser gut 5 Min. garen, bis sie weich sind. Abtropfen lassen und zugedeckt warm halten.

4 Die Eier verquirlen. Die Schnittlauchröllchen unterrühren und mit Salz und Pfeffer würzen. 1 TL Butter in einer beschichteten Pfanne (24 cm ⌀) aufschäumen. Die Hälfte der verquirlten Eier hineingeben und durch Schwenken der Pfanne in dieser verteilen. Zu einem Omelett backen und auf ein Brett gleiten lassen. In der restlichen Butter ein zweites Omelett backen.

5 Wirsingblätter abtropfen lassen, den Sud dabei auffangen und zurück in den Topf geben. Das Tomatenmark einrühren und die Sauce abschmecken. Den Käse unterrühren.

6 Jeweils ein Wirsingblatt auf die Omeletts legen und das gedünstete Wirsinggemüse darauf verteilen. Die Omeletts aufrollen und in dicke Scheiben schneiden, mit der Sauce auf zwei Tellern anrichten.

Chicorée-Omelett

3 nicht zu große Chicoréestauden (je ca. 125 g) | 1 Zwiebel | 10 g Mandelblättchen | ½ Bund Schnittlauch | 2 EL Öl | Salz | schwarzer Pfeffer aus der Mühle | 4 Eier | 4 EL Mineralwasser mit Kohlensäure

Für 2 Personen | 🕐 30 Min. Zubereitung
Pro Portion 321 kcal, 17 g EW, 25 g F, 7 g KH

1 Die Chicoréestauden waschen und putzen, dabei nur ein kurzes Stück vom Strunk entfernen, damit sich nicht zu viele Blätter lösen. Die Stauden dann längs halbieren. Die Zwiebel schälen und sehr fein würfeln.

2 Die Mandeln in einer großen beschichteten Pfanne (ca. 28 cm Ø) ohne Fettzugabe goldbraun rösten, herausnehmen und beiseitestellen. Den Schnittlauch waschen, trocken tupfen und in Röllchen schneiden.

3 Das Öl in der Pfanne leicht erhitzen. Die Chicoréehälften hineinlegen und die Zwiebelwürfel darum herum verteilen. Bei schwacher bis mittlerer Hitze ca. 10 Min. garen, zwischendurch den Chicorée wenden und die Zwiebeln umrühren. Das Gemüse zudem salzen und pfeffern.

4 Die Eier mit dem Mineralwasser verquirlen, salzen und pfeffern. Über das Gemüse gießen und zugedeckt bei schwacher Hitze in 6–8 Min. stocken lassen. In Stücke schneiden, mit den Mandeln und den Schnittlauchröllchen bestreut servieren.

Kreolischer Pfannkuchen

1 rote Paprikaschote | 1 grüne Chilischote | 1 Zwiebel | 1 Knoblauchzehe | 2 EL Öl | 80 g Kirschtomaten | 5 Eier | 100 ml Buttermilch | Salz | schwarzer Pfeffer aus der Mühle | einige Zweige Koriandergrün (oder Petersilie)

Für 2 Personen | 🕐 30 Min. Zubereitung
Pro Portion 339 kcal, 20 g EW, 25 g F, 8 g KH

1 Die Paprikaschote und die Chilischote waschen, putzen und entkernen, in feine Streifen schneiden bzw. würfeln. Zwiebel und Knoblauch schälen und fein würfeln.

2 1 EL Öl in einer Pfanne erhitzen, das vorbereitete Gemüse darin unter häufigem Rühren bei mittlerer Hitze 5 Min. garen. Etwas abkühlen lassen.

3 Die Kirschtomaten waschen und halbieren. Die Eier mit der Buttermilch verquirlen, mit Salz und Pfeffer würzen.

4 Das übrige Öl in einer beschichteten Pfanne leicht erhitzen. Die Eiermilch hineingießen und ganz kurz stocken lassen. Das vorgegarte Gemüse und die Tomaten darauf verteilen, einen passenden Deckel auflegen und den Pfannkuchen bei schwacher Hitze in ca. 10 Min. stocken lassen.

5 Das Koriandergrün waschen und trocken tupfen, die Blättchen abzupfen und grob hacken, auf den Pfannkuchen streuen. In Stücke geschnitten sofort servieren.

Eier-Ragout mit Roter Bete

4 Eier | 500 g gekochte Rote Beten (vaku-umverpackt) | Salz | schwarzer Pfeffer aus der Mühle | 100 g kleine Schalotten | 1 TL Öl | 2 EL gemahlene Mandeln | 100 g leichter Frischkäse (ca. 12 % Fett absolut) | 50–75 ml fettarme Milch (1,5 % Fett) | 1–2 TL mittelscharfer Senf | 2–3 EL Aceto balsamico | 2 Zweige Dill

Für 2 Personen | ◎ 30 Min. Zubereitung
Pro Portion 380 kcal, 24 g EW, 23 g F, 17 g KH

1   Die Eier anstechen. In kochendes Wasser legen und in ca. 10 Min. hart kochen.

2   Inzwischen die Roten Beten in Scheiben schneiden. In einen Topf geben, mit Salz und Pfeffer würzen. Langsam erhitzen und zugedeckt bei schwacher Hitze 15 Min. dünsten. Den Topf mehrmals rütteln, damit nichts anbrennen kann.

3   Während die Roten Beten dünsten, die Schalotten schälen und zerteilen. Das Öl in einem kleinen Topf erhitzen, die Schalotten darin bei schwacher bis mittlerer Hitze 5 Min. sanft braten. Die Mandeln darüberstreuen, dann den Frischkäse und die Milch einrühren. Mit Salz, Pfeffer und dem Senf würzig abschmecken.

4   Die Eier schälen und grob zerschneiden, vorsichtig unter die Senfsauce rühren. Das Ragout abschmecken und zusammen mit den Roten Beten anrichten. Den Balsamico über die Roten Beten träufeln. Den Dill waschen und trocken tupfen, die Blättchen abzupfen und dazugeben.

Kohlrabi mit Käse-Eiern

2 große Kohlrabi (ca. 800 g) | 1 EL Butter | Salz | weißer Pfeffer aus der Mühle | 3 Frühlingszwiebeln | 100 g fettarmer Camembert (ca. 10 % Fett absolut) | 2 Eier | edelsüßes Paprikapulver | 20 g Haselnusskerne

Für 2 Personen | ◎ 25 Min. Zubereitung
Pro Portion 367 kcal, 25 g EW, 25 g F, 10 g KH

1   Die Kohlrabi waschen. Zarte Blättchen abschneiden und beiseitelegen. Die Kohl-rabiknollen schälen, vierteln und in sehr dünne Scheiben schneiden.

2   ½ EL Butter in einer breiten beschichte-ten Pfanne zerlassen. Kohlrabischeiben da-zugeben und leicht anbraten, mit Salz und Pfeffer würzen. Bei schwacher bis mittlerer Hitze zugedeckt ca. 5 Min. garen. Zwischen-durch die Pfanne mehrmals kräftig rütteln.

3   Die Frühlingszwiebeln waschen, putzen und in feine Ringe schneiden. Zu den Kohl-rabi geben, diese offen und unter häufigem Wenden weitere 5 Min. braten.

4   Den Camembert würfeln. Die restliche Butter in einer kleinen beschichteten Pfan-ne aufschäumen. Die Eier aufschlagen und hineingeben. Camembert aufstreuen, mit Salz, Pfeffer und Paprikapulver würzen und die Eier zu Spiegeleiern braten.

5   Das Kohlrabigrün fein, die Haselnuss-kerne grob hacken. Beides zu den Kohlrabi geben und alles mit den Eiern anrichten.

Grünes Käse-Omelett

1 Lauchstange | Salz | schwarzer Pfeffer
aus der Mühle | 1 Handvoll gemischte
Kräuter (z. B. Petersilie, Schnittlauch,
Basilikum, Sauerampfer) | 4 Eier |
2 EL geriebener würziger Hartkäse |
1 EL Butter | 50 g leichter Kräuter-Frisch-
käse (ca. 12 % Fett absolut)

Für 2 Personen | ⏲ 20 Min. Zubereitung
Pro Portion 363 kcal, 21 g EW, 26 g F, 9 g KH

1 Die Lauchstange putzen, längs aufschlitzen und gründlich waschen. In Ringe
schneiden und tropfnass in einen Topf
geben. Mit Salz und Pfeffer würzen, eventuell 3–4 EL Wasser angießen, den Lauch
zugedeckt knapp 5 Min. dünsten.

2 Die gemischten Kräuter waschen und gut
trocken schütteln. Verlesen, die Blättchen
abzupfen und hacken.

3 Die Eier verquirlen. Geriebenen Käse,
Salz und Pfeffer einrühren, dann auch
den größten Teil der gehackten Kräuter.
Die Butter in zwei beschichteten Pfannen
aufschäumen. Die Eiermasse hineingeben
und in 3–4 Min. zu goldgelben Omeletts
stocken lassen.

4 Inzwischen den Kräuter-Frischkäse unter
den Lauch rühren und diesen abschmecken.
Als Füllung in den Omeletts servieren. Die
restlichen Kräuter darüberstreuen.

Asiatisches Sesam-Omelett

400–500 g gemischtes Asia-Gemüse (TK) |
1–2 TL gemahlener Kreuzkümmel | Salz |
schwarzer Pfeffer aus der Mühle | 5 Eier |
2 EL helle Sojasauce | 2 EL Sesamsamen |
2 TL Butter

Für 2 Personen | ⏲ 20 Min. Zubereitung
Pro Portion 342 kcal, 22 g EW, 22 g F, 13 g KH

1 Das Asia-Gemüse nach der Packungsbeschreibung zubereiten, mit gemahlenem
Kreuzkümmel, Salz und Pfeffer abschmecken. Etwas abkühlen lassen.

2 Die Eier mit Sojasauce, Sesamsamen und
etwas Pfeffer verquirlen. 1 TL Butter in einer
breiten beschichteten Pfanne aufschäumen,
die Hälfte der Eiermasse hineingeben und zu
einem Omelett backen. Auf einen Teller gleiten lassen und zudecken. In der restlichen
Butter ein zweites Omelett backen.

3 Auch das zweite Omelett auf einen Teller
gleiten lassen. Die Gemüsemischung auf
eine Hälfte geben. Die unbelegte Ome-
lettseite darüberklappen und das Omelett
sofort servieren.

Wirsing-Eier-Rouladen mit Steinpilzen

15 g getrocknete Steinpilze | 10 getrocknete Tomaten | 4 Eier | 8 große Blätter Wirsingkohl (ca. 350 g) | Salz | 1 große Zwiebel | 2 EL Olivenöl | 10 Wacholderbeeren | schwarzer Pfeffer aus der Mühle | 4 EL Tomatenmark

Für 2 Personen | ⊕ 45 Min. Zubereitung
Pro Portion 344 kcal, 21 g EW, 25 g F, 9 g KH

1 Steinpilze und Tomaten in eine Schüssel geben, mit 200 ml warmem Wasser übergießen und 10–15 Min. quellen lassen.

2 Die Eier anstechen und in kochendes Wasser legen, in ca. 10 Min. hart kochen. Die Wirsingblätter waschen, den harten Mittelstrunk keilförmig herausschneiden. In reichlich kochendes Salzwasser geben und in 6–10 Min. gar kochen.

3 Die Zwiebel schälen und klein würfeln. 1 EL Öl in einer beschichteten Pfanne erhitzen, die Zwiebel darin glasig werden lassen. Steinpilze und getrocknete Tomaten samt Einweichsud in die Pfanne geben. Die Wacholderbeeren im Mörser zerdrücken oder mit einem großen Messer klein schneiden, zu der Zwiebel-Pilz-Mischung geben. Mit Salz und Pfeffer würzen, offen bei mittlerer Hitze 10 Min. köcheln lassen.

4 Die Eier kalt abschrecken und schälen. Die Wirsingblätter abgießen und sehr gut abtropfen lassen.

5 Jeweils zwei Wirsingblätter überlappend auf Küchenpapier auslegen und trocken tupfen. Mit Tomatenmark bestreichen und jeweils ca. 1 EL der Pilz-Mischung daraufgeben. Jeweils ein Ei darin einwickeln.

6 Das übrige Olivenöl in einer Pfanne erhitzen. Die Wirsingrouladen mit den Nahtstellen nach unten hineinlegen und anbraten, dann rundherum ca. 10 Min. braten. Zusammen mit dem übrigen Zwiebel-Pilz-Gemüse und dessen Sud anrichten.

Pochierte Eier mit Teufelssauce

1 rote Chilischote oder Peperoni |
1 grüne Chilischote oder Peperoni |
1 große Zwiebel | 1 EL Öl | 1 Knoblauch-
zehe | 1 kleine Dose geschälte gehackte
Tomaten (400 g) | Salz | schwarzer
Pfeffer aus der Mühle | 3 EL Weinessig |
4 Eier | 40 g würziger Hartkäse | etwas
Koriandergrün oder Petersilie

Für 2 Personen | ⊚ 30 Min. Zubereitung
Pro Portion 330 kcal, 22 g EW, 24 g F, 6 g KH

1 Die Chilischoten oder die Peperoni waschen und trocken tupfen. Aufschlitzen, von
Stielansätzen und Kernen befreien und in
feine Streifen schneiden. Die Zwiebel schälen und fein würfeln.

2 Das Öl in einem kleinen Topf erhitzen
und die Zwiebelwürfel darin unter Rühren
glasig werden lassen. Den Knoblauch schälen und dazupressen, dann auch die Chilis-
treifen einrühren und leicht anbraten.

3 Die Tomaten zu den Zutaten in den Topf
geben. Die Sauce mit Salz und Pfeffer würzen und bei schwacher Hitze ca. 15 Min.
köcheln lassen.

4 Gut 1 l Wasser in einem Topf aufkochen,
1 EL Salz und den Essig hineingeben. Die
Eier einzeln in eine Kelle aufschlagen und
vorsichtig in das Wasser gleiten lassen,
bevor das nächste Ei aufgeschlagen wird.
Jeweils mit einem Löffel das Eiweiß um das
Eigelb ziehen. Die Kochstelle ausschalten
und die Eier ca. 4 Min. garen.

5 Die Sauce abschmecken. Die Eier mit
einer Schaumkelle aus dem Wasser heben
und gut abtropfen lassen, zusammen mit
der Sauce anrichten. Den Käse mit einem
Sparschäler darüberhobeln. Koriandergrün
oder Petersilie waschen und trocken tupfen,
grob zerrupfen und darüberstreuen.

Kleine Spitzkohl-Rouladen

1 kleiner Spitzkohl (750 g) | Salz | 150 g
Seitan oder Tofu | 250 g Champignons |
1 Bund Frühlingszwiebeln | 2 EL Öl |
schwarzer Pfeffer aus der Mühle | edel-
süßes Paprikapulver | 125 ml Gemüse-
brühe | 2 EL Crème fraîche

Außerdem: Küchengarn

Für 2 Personen | ⊚ 60 Min. Zubereitung
Pro Portion 367 kcal, 23 g EW, 21 g F, 18 g KH

1   Den Spitzkohl waschen und putzen,
den Strunk dabei keilförmig herausschneiden. Vorsichtig 12 Blätter ablösen und diese
nach und nach in reichlich kochendem Salzwasser 2–3 Min. vorkochen.

2   Die Blätter herausnehmen und gut abtropfen lassen – am besten auf einem sau-
beren Küchentuch. (Den Rest des Kohls für
eine andere Mahlzeit beiseitelegen.)

3   Den Seitan oder Tofu klein würfeln. Die
Champignons waschen oder mit einem
feuchten Tuch abreiben, putzen und trocken
tupfen. Etwa die Hälfte davon klein würfeln,
den Rest je nach Größe vierteln oder achteln. Die Frühlingszwiebeln waschen und
putzen. Die weißen Teile fein würfeln, das
Grün in schräge Ringe schneiden.

4   2 TL Öl in einer Pfanne erhitzen, Seitan,
gewürfelte Champignons und weiße Zwiebelwürfel 3–4 Min. leicht braten. Mit Salz,
Pfeffer und Paprikapulver herzhaft würzen.
Etwas abkühlen lassen.

5   Bei den Spitzkohlblättern jeweils den
harten Mittelstrunk herausschneiden. Je
zwei Kohlblätter überlappend ausbreiten,
ca. 1 EL Pilzfüllung daraufsetzen und in
die Kohlblätter einwickeln. Die Päckchen
zum Fixieren jeweils mit etwas Küchengarn
umwickeln.

6   2 TL Öl in einem Topf erhitzen, die Rouladen darin rundherum leicht anbraten. Die
Gemüsebrühe angießen, die Rouladen zugedeckt 20 Min. schmoren.

7   Inzwischen das restliche Öl in einer
Pfanne erhitzen, übrige Champignons und
die grünen Zwiebelringe darin anbraten.
Mit Salz und Pfeffer würzen.

8   Die Spitzkohlrouladen auf Teller legen
und die Pilz-Zwiebel-Mischung dazugeben.
Den Bratfond im Topf mit Crème fraîche
verrühren und unter Rühren einmal aufkochen. Die Sauce abschmecken und zu den
Rouladen servieren.

Überbackene Auberginen und Tomaten

2 kleine Auberginen | 3 Fleischtomaten | 1 Knoblauchzehe | 2 EL Olivenöl | 2 EL Gemüsebrühe | 1 Prise Chiliflocken (getrocknete geschrotete Chilis) | Salz | schwarzer Pfeffer aus der Mühle | 6 Zweige Thymian | 20 g Pinienkerne | 50 g geriebener Pizzakäse | 200 g fettarmer körniger Frischkäse (0,8 % Fett absolut)

Für 2 Personen | ⟳ 30 Min. Zubereitung
Pro Portion 384 kcal, 26 g EW, 25 g F, 13 g KH

1   Den Backofen auf 250° (Umluft 225°) vorheizen. Das Gemüse waschen und putzen. Die Auberginen längs in 1 cm dicke Scheiben schneiden. Die Tomaten von den Stielansätzen befreien und quer in 1 cm dicke Scheiben schneiden.

2   Den Knoblauch schälen und mit einem Messer zerdrücken, mit Olivenöl, Brühe, Chiliflocken, Salz und Pfeffer verrühren. Den Thymian waschen, trocken tupfen, die Blättchen von den Stielen streifen.

3   Ein Backblech mit etwas gewürztem Öl bestreichen. Das Gemüse darauf ausbreiten und mit dem restlichen Öl einpinseln. Auf der obersten Schiene in den Ofen geben und bei starker Oberhitze 5 Min. backen.

4   Das Blech aus dem Ofen nehmen, das Gemüse wenden und weitere 5 Min. backen. Das Blech erneut aus dem Ofen nehmen. Thymianblättchen, Pinienkerne und den Pizzakäse darüberstreuen, alles noch 3–4 Min. überbacken, bis der Käse gut zerlaufen ist. Den Frischkäse würzen und dazuservieren.

Gebratener Radicchio mit Oliven-Frischkäse-Creme

200 g fettarmer körniger Frischkäse (0,8 % Fett absolut) | 75 g fettarmer Ziegenfrischkäse (5 % Fett absolut) | 40 g mit Paprika gefüllte Oliven | Salz | schwarzer Pfeffer aus der Mühle | rosenscharfes Paprikapulver | 2 Radicchio-Köpfe (ca. 400 g) | 1 Zwiebel | 2 EL Olivenöl | 30 g Mandelstifte | 2 EL Aceto balsamico

Für 2 Personen | ⟳ 30 Min. Zubereitung
Pro Portion 332 kcal, 23 g EW, 4 g F, 6 g KH

1   Die beiden Frischkäsesorten verrühren. Die Oliven würfeln und dazugeben, alles mit Salz, Pfeffer und Paprikapulver pikant abschmecken.

2   Die Radicchio-Köpfe waschen, putzen und gut trocken schütteln, vierteln oder in breite Streifen schneiden. Die Zwiebel schälen und fein würfeln.

3   Das Olivenöl in einer kleinen Pfanne erhitzen und die Zwiebelwürfel darin glasig werden lassen. Die Mandeln dazugeben und anbraten, dann auch den Radicchio einrühren. Mit Salz und Pfeffer würzen und alles 1–2 Min. braten. Den Aceto balsamico darüberträufeln, zusammen mit dem Oliven-Frischkäse anrichten.

Auberginenschnitzel »Tricolore«

1 große Aubergine (ca. 400 g) | 2 EL Oliven-öl | Salz | schwarzer Pfeffer aus der Mühle | 2 frische Tomaten | 2 eingelegte Tomaten | einige Zweige Basilikum | einige Zweige Petersilie | 40 Ricotta | 10 g Pinienkerne | 20 g würziger Hart-käse | 125 g Mozzarella light

Für 2 Personen | ⊚ 40 Min. Zubereitung
Pro Portion 300 kcal, 19 g EW, 22 g F, 7 g KH

1 Den Backofen auf 225° (Umluft 200°) auf-heizen. Die Aubergine waschen und putzen, längs in gut ½ cm dicke Scheiben schnei-den. Die Scheiben nebeneinander auf ein Backblech legen. Ganz wenig Öl mit einem Pinsel darauf verteilen.

2 Die Auberginenscheiben ca. 5 Min. im vorgeheizten Ofen backen. Wenden, erneut ganz leicht mit Öl einpinseln, dann mit Salz und Pfeffer würzen. Die Auberginen weitere 5–10 Min. im Ofen (Mitte) backen.

3 Die frischen Tomaten waschen und tro-cken tupfen, von den Stielansätzen und den Kernen befreien, dann klein würfeln und mit Salz und Pfeffer würzen. Die einge-legten Tomaten ebenfalls klein würfeln und mit den frischen Tomaten mischen.

4 Basilikum und Petersilie waschen und trocken tupfen. Die Blättchen abzupfen. Einige Blättchen zum Garnieren beiseite-legen, die restlichen fein hacken und mit Ricotta, Salz und Pfeffer verrühren.

5 Das Blech aus dem Ofen nehmen. Jede Auberginenscheibe gedanklich in drei Segmente teilen. Jeweils auf ein Segment einige Tomaten, auf ein weiteres Segment etwas von dem Kräuterkäse geben und jeweils das dritte Segment frei lassen. Das Blech wieder in den heißen Ofen schieben und alles weitere 5 Min. backen.

6 Inzwischen die Pinienkerne in einer kleinen beschichteten Pfanne ohne Fett-zugabe goldbraun rösten. Den Hartkäse grob raspeln oder hobeln und den Mozza-rella klein schneiden.

7 Die Auberginenscheiben vorsichtig auf Teller heben und die Pinienkerne und den Hartkäse darüberstreuen. Den Mozzarella dazugeben und alles mit den beiseite-gelegten Kräutern garnieren.

Zucchinifässchen im Tomatenbett

2 dicke Zucchini (ca. 600 g) | Salz |
10 Zweige Thymian | 150 g Tofu | 2 EL Oli-
venöl | schwarzer Pfeffer aus der Mühle |
2 EL Tomatenmark | 1 große Zwiebel |
1 Knoblauchzehe | 1 Dose geschälte ge-
hackte Tomaten (400 g) | 40 g frisch gerie-
bener würziger Hartkäse

Für 2 Personen | ⏲ 30 Min. Zubereitung
Pro Portion 335 kcal, 24 g EW, 23 g F, 13 g KH

1   Backofen auf 200° (Umluft 180°) vorheizen. Zucchini waschen und ohne die Endstücke in 5 cm dicke Scheiben schneiden.
In kochendem Salzwasser 5 Min. vorgaren.
Herausheben und etwas abkühlen lassen,
dann mit einem Kugelausstecher so aus-
höhlen, dass Füllung hineinpasst. Die aus-
gelösten Zucchinikugeln beiseitestellen.

2   Den Thymian waschen, trocken tupfen,
die Blättchen von den Stielen streifen.
Den Tofu klein würfeln oder zerbröckeln.

3   Das Öl in einer Pfanne erhitzen, den
Tofu darin anbraten. Mit Salz, Pfeffer, 1 TL
Thymian und dem Tomatenmark kräftig
würzen. In eine Schüssel umfüllen.

4   Die Zwiebel schälen und fein würfeln, in
einem Topf glasig dünsten. Knoblauch schälen und dazupressen, die Tomaten einrühren. Mit Salz, Pfeffer und dem übrigen Thymian würzen und aufkochen lassen. In eine
Auflaufform umfüllen. Die Tofumischung in
die Zucchini füllen. Diese in die Tomatensauce setzen, die Zucchini-Kugeln drum
herum verteilen. Käse aufstreuen, alles im
vorgeheizten Ofen (Mitte) ca. 20 Min. garen.

Zucchinipuffer mit Paprikaquark

1 Zucchino (ca. 200 g) | 6 Salbeiblätter |
3 Eier | Salz | schwarzer Pfeffer aus der
Mühle | rosenscharfes Paprikapulver | 1 EL
Öl | 1 kleine Paprikaschote | 200 g Mager-
quark | 75 g Ziegenfrischkäse (45 % Fett
i. Tr.) | ½ Bund Schnittlauch

Für 2 Personen | ⏲ 30 Min. Zubereitung
Pro Portion 384 kcal, 30 g EW, 23 g F, 10 g KH

1   Den Zucchino waschen und putzen,
trocken tupfen und grob raspeln. Den Salbei waschen, trocken tupfen und in feine
Streifen schneiden. Beides mit den Eiern
verquirlen, mit Salz, Pfeffer aus der Mühle
und Paprikapulver würzen.

2   Einige Tropfen Öl in einer Pfanne erhitzen. Die Zucchinimasse esslöffelweise
hineingeben und zu goldbraunen Puffern
braten. Insgesamt 8–10 Puffer backen.

3   In der Zwischenzeit die Paprikaschote
waschen und putzen, vom Stielansatz,
Kernen und Trennhäutchen befreien, dann
in ganz feine Würfel schneiden. Mit Magerquark und Frischkäse verrühren, mit Salz
und Pfeffer abschmecken.

4   Die Zucchinipuffer zusammen mit dem
Paprikaquark anrichten. Den Schnittlauch
waschen, trocken tupfen und in Röllchen
schneiden, darüberstreuen.

Grünes Kokos-Curry

1 Chilischote | 1 Knoblauchzehe | 30 g
frischer Ingwer | 2 Zwiebeln | 300 g Brok-
koli | 1 Zucchino | 1 EL Öl | 2 TL Curry-
pulver | 1 kleine Dose Kokosmilch
(160 ml) | 100 g Tofu | 150 g Vollmilch-
joghurt | 2 EL gemahlene Mandeln |
Salz | etwas Koriandergrün

Für 2 Personen | ⊕ 30 Min. Zubereitung
Pro Portion 327 kcal, 18 g EW, 22 g F, 13 g KH

1 Die Chilischote waschen und putzen, den
Knoblauch und den Ingwer schälen. Alles
fein hacken. Die Zwiebeln schälen und grob
würfeln. Den Brokkoli und den Zucchino
waschen, putzen und mundgerecht würfeln.

2 Das Öl in einem Topf erhitzen, die
Zwiebeln und die Knoblauch-Ingwer-Chili-
mischung darin unter Rühren anbraten.
Curry einrühren, dann auch das Gemüse.
Mit der Kokosmilch ablöschen und zuge-
deckt 10 Min. schmoren.

3 Den Tofu mundgerecht würfeln. Den
Joghurt mit den Mandeln glatt rühren.
Tofu und Mandeljoghurt unter das Gemüse
rühren und alles bei schwacher Hitze noch
5 Min. sanft garen.

4 Anschließend das Kokos-Curry mit Salz
abschmecken und nach Belieben mit Koriandergrün bestreuen.

SO WIRD'S EIN MITTAGESSEN: Genießen Sie
dazu luftige Naan-Brote, die Sie fertig kaufen können. In Asienshops bekommen Sie sie garantiert,
ab und zu aber inzwischen auch in Supermärkten
und sogar beim Discounter.

Arabisches Gemüseragout

1 Gemüsezwiebel | 3 Stangen Stauden-
sellerie | 250 g grüne Bohnen | 1 EL Öl |
2 EL Tomatenmark | 1 Stange Zimt |
250 ml Gemüsebrühe | Salz | ½ TL Kurku-
mapulver | ½ TL Harissapaste (siehe
Tipp) | 2 EL Zitronensaft | 200 g Natur-
joghurt | schwarzer Pfeffer aus der Mühle |
1 TL gemahlener Kreuzkümmel | einige
Zweige Minze | 200 g Feta light

Für 2 Personen | ⏱ 40 Min. Zubereitung
Pro Portion 340 kcal, 28 g EW, 19 g F, 13 g KH

1 Die Gemüsezwiebel schälen und achteln,
die Achtel quer in Streifen schneiden. Den
Staudensellerie waschen und putzen, die
Stangen schräg in dünne Scheiben schneiden. Die Bohnen waschen, putzen und je
nach Größe schräg dritteln oder halbieren.

2 Das Öl in einem Topf erhitzen, die Zwie-
belstreifen darin anschwitzen. Den Sellerie
einrühren und mit anschwitzen, dann das
Tomatenmark einrühren. Bohnen, Zimt,
Gemüsebrühe, Salz, Kurkuma, Harissapaste

und den Zitronensaft dazugeben, alles aufkochen und zugedeckt bei schwacher Hitze
ca. 20 Min. köcheln lassen.

3 Den Joghurt mit Salz, Pfeffer und dem
Kreuzkümmel verrühren. Die Minze waschen und trocken tupfen. Die Blättchen
abzupfen. Einige Blättchen zum Garnieren
beiseitelegen, die restlichen hacken und
unter den Joghurt rühren. Den Feta in Scheiben schneiden oder zerbröckeln.

4 Das Gemüse pikant abschmecken, die
Zimtstange entfernen. Das Gemüse zusammen mit dem gewürzten Joghurt, dem Feta
und mit Minze garniert heiß servieren.

TIPP: Harissa ist eine sehr scharfe Gewürzpaste
und eines der wichtigsten Gewürze in den arabischen Ländern. Es gibt sie in gut sortierten Supermärkten oder in arabischen Spezialitätengeschäf-
ten. Wenn Sie nicht fündig werden, verwenden Sie
stattdessen Sambal oelek.

Gebratene Austernpilze mit Petersilienkraut

2 Petersilienwurzeln | 1 kleine Dose mildes Wein-Sauerkraut (300 g) | 2 Lorbeerblätter | Salz | schwarzer Pfeffer aus der Mühle | 250 g Austernpilze | 2 EL Olivenöl | 1 Knoblauchzehe | ½ Bund Petersilie | 125 g fettarmer Weichkäse (z. B. Camembert oder Brie) | 2 EL Schmand

Für 2 Personen | 🍲 35 Min. Zubereitung
Pro Portion 332 kcal, 22 g EW, 24 g F, 5 g KH

1   Die Petersilienwurzeln waschen, schälen und in dünne Scheiben oder in kleine Würfel schneiden. Zusammen mit dem Wein-Sauerkraut und den Lorbeerblättern in einen Topf geben. Mit Salz und Pfeffer würzen, aufkochen und zugedeckt bei ganz schwacher Hitze knapp 10 Min. köcheln lassen.

2   Die Austernpilze kurz abwaschen und auf Küchenpapier gut trocken tupfen und putzen. Das Olivenöl in einer beschichteten Pfanne erhitzen, die Austernpilze darin rundherum kräftig anbraten. Zwischendurch den Knoblauch schälen und dazupressen und die Pilze mit Salz und Pfeffer würzen.

3   Die Petersilie waschen und trocken tupfen. Die Blättchen abzupfen, einige Blättchen zum Garnieren beiseitelegen, die restlichen hacken und unter das Sauerkraut mischen. Die Lorbeerblätter entfernen.

4   Das Kraut abschmecken und zusammen mit den gebratenen Austernpilzen anrichten. Den Weichkäse in Stücke schneiden und dazugeben, jeweils einen Löffel Schmand daraufgeben und alles mit Petersilie garnieren.

China-Lasagne

10 g getrocknete Shiitakepilze | 1 Chinakohl (ca. 600 g) | 2 l Gemüsebrühe | 200 g Tofu | 1 Bund Frühlingszwiebeln | 250 g Champignons | 1 EL Öl | 1–2 TL Currypulver | 2 EL Kokosnusspulver (Asienshop) | 2–3 EL Sojasauce | 4 Zweige Petersilie | 100 g Naturjoghurt | schwarzer Pfeffer aus der Mühle | 2 EL Sesamsamen

Außerdem: Auflaufform

Für 2 Personen | 🍲 45 Min. Zubereitung + 15 Min. Backen
Pro Portion 395 kcal, 26 g EW, 24 g F, 17 g KH

1   Shiitakepilze einweichen. Ofen auf 225° (Umluft 200°) vorheizen. Chinakohl waschen, putzen, in einzelne Blätter zerteilen. Das Innere in Streifen schneiden. Kohlblätter in kochender Brühe portionsweise 2–3 Min. garen. Herausheben, abtropfen lassen.

2   Tofu würfeln. Frühlingszwiebeln waschen, putzen, in Ringe schneiden. Champignons waschen, trocken tupfen, putzen und würfeln. Shiitakepilze abtropfen lassen, Stiele entfernen, die Köpfe in Streifen schneiden. Zwiebeln im heißen Öl anschwitzen. Currypulver einrühren, anschwitzen, dann die Pilze, geschnittenen Chinakohl und Tofu dazugeben. Alles mit Kokosnusspulver und Sojasauce würzen. Bei mittlerer Hitze 10–15 Min. garen. Eventuell etwas von der Brühe des Chinakohls angießen.

3   Kohlblätter und Pilzmischung abwechselnd in eine Form schichten. Petersilie hacken, mit Joghurt, Salz und Pfeffer verrühren und darauf verteilen. Sesam aufstreuen. Alles im Ofen (Mitte) ca. 15 Min. backen.

Spargel mit Tofu-Basilikum-Creme

1 kg Spargel | Salz | 1 TL Butter | ½ Bund Basilikum | 200 g Tofu | 2 EL Zitronensaft | 2 EL Olivenöl | weißer Pfeffer aus der Mühle | 100 g Kirschtomaten | 20 g Sesamsamen

Außerdem: Küchengarn

Für 2 Personen | ⊚ 40 Min. Zubereitung
Pro Portion 334 kcal, 24 g EW, 22 g F, 11 g KH

1 Den Spargel waschen und schälen, die Endstücke abschneiden und wegwerfen. Die Stangen in 2 Portionen teilen und jeweils mit Küchengarn zusammenbinden. Salzwasser aufkochen, die Butter und den Spargel hineingeben und den Spargel zugedeckt bei mittlerer Hitze in 10–15 Min. (je nach Dicke der Stangen) bissfest garen.

2 Das Basilikum waschen und trocken tupfen. Den größten Teil der Blättchen zusammen mit Tofu, Zitronensaft, ca. 75 ml Spargelkochwasser und dem Olivenöl pürieren. Mit Salz und Pfeffer abschmecken.

3 Die Kirschtomaten waschen und trocken tupfen, nach Belieben halbieren. Die Sesamsamen in einer kleinen beschichteten Pfanne ohne Fettzugabe goldbraun rösten. Die Tomaten dazugeben und ganz kurz miterhitzen, dann das Ganze mit Salz und Pfeffer würzen.

4 Den Spargel abtropfen lassen, mit Tofu-Basilikum-Creme und den Sesamtomaten anrichten.

TIPPS: Je nach Tofu-Sorte kann die Konsistenz der Basilikumcreme sehr unterschiedlich ausfallen. Bei einigen Sorten lässt der Tofu sich mit wenig Flüssigkeit glatt pürieren, bei anderen Sorten ist mehr Flüssigkeit nötig. Geben Sie deshalb den Spargelsud erst nach und nach dazu. Die Tofu-Basilikum-Creme schmeckt kalt ebenso gut wie warm. Erwärmen Sie sie am besten in der Mikrowelle oder vorsichtig in einem kleinen Topf.

Riesenchampignons mit Tofufüllung

1 Paket Tomatenstückchen mit Kräutern (370 g) | 10–12 sehr große Champignons (Riesenchampignons; ca. 600 g) | 2 EL Zitronensaft | 2 EL Öl | Salz | schwarzer Pfeffer aus der Mühle | 1 Zwiebel | 150 g Tofu | ½ Bund Petersilie | 1 TL gemahlene Fenchelsamen | 30 g Sonnenblumenkerne

Außerdem: breite Gratinform

Für 2 Personen | ⏱ 25 Min. Zubereitung + 20 Min. Backen
Pro Portion 322 kcal, 21 g EW, 23 g F, 8 g KH

1 Den Backofen auf 200° (Umluft 180°) vorheizen. Die Tomaten in die Gratinform geben. Die Champignons kurz waschen oder mit einem feuchten Tuch abreiben. Die Stiele vorsichtig herausdrehen und beiseitelegen.

2 Den Zitronensaft mit 1 EL Öl, Salz und Pfeffer verquirlen. Die Champignonköpfe in der Marinade wenden und mit der Öffnung nach oben auf die Tomaten in der Form setzen, salzen und mit Peffer übermahlen.

3 Die Zwiebel schälen und klein würfeln. Die Champignonstiele und den Tofu ebenfalls ganz klein würfeln. Die Petersilie waschen, trocken tupfen und die Blättchen fein hacken.

4 Das restliche Öl in einer kleinen beschichteten Pfanne erhitzen, die Zwiebel darin glasig werden lassen. Die Pilzstiele dazugeben und kräftig mit anbraten. Zuletzt den Tofu und die Petersilie untermischen, mit Salz, Pfeffer und Fenchelsamen würzen und noch 2–3 Min. unter Rühren braten.

5 Die Tofumischung mit zwei Löffeln in die Pilzhüte füllen. Die Sonnenblumenkerne aufstreuen. Das Ganze im heißen Ofen (Mitte) 15–20 Min. backen.

Tofupfanne mit Kürbiskernen

250 g Tofu | 1 kleine rote Chilischote | ½ Bund Frühlingszwiebeln | 2 EL Kürbiskernöl | 40 g Kürbiskerne | Salz | schwarzer Pfeffer aus der Mühle | 1 kleiner Kopf Radicchiosalat

Für 2 Personen | ⊚ 20 Min. Zubereitung
Pro Portion 359 kcal, 24 g EW, 26 g F, 6 g KH

1 Den Tofu in 1–2 cm große Würfel schneiden. Die Chilischote aufschlitzen, entkernen, vom Stielansatz befreien und hacken. Die Frühlingszwiebeln waschen und putzen, in schräge Ringe schneiden.

2 Das Kürbiskernöl in einer Pfanne erhitzen, den Tofu und die Kürbiskerne darin rundherum recht stark anbraten.

3 Die Chilistücke und die Frühlingszwiebeln zum Tofu geben und alles noch 1–2 Min. zusammen bei mittlerer Hitze braten. Mit Salz und Pfeffer würzen.

4 Den Radicchiosalat waschen, trocken schütteln und putzen, in Streifen schneiden. Den Salat in die Pfanne geben und alles noch ganz kurz zusammen erhitzen. Sofort anrichten und genießen, damit der Radicchio nicht dunkel wird.

Tofuschnitzel mit Lauch-Pilz-Gemüse

500 g Lauch | 250 g kleine Champignons | 1 Knoblauchzehe | 1 große Zwiebel | 1 EL Öl | Salz | schwarzer Pfeffer aus der Mühle | 300 g geräucherter Tofu | 50 g fettarmer Frischkäse (5 % Fett absolut) | glatte Petersilie zum Bestreuen

Für 2 Personen | ⊚ 30 Min. Zubereitung
Pro Portion 349 kcal, 27 g EW, 18 g F, 18 g KH

1 Den Lauch putzen, aufschlitzen und gründlich waschen, anschließend trocken schütteln und in Ringe schneiden. Die Champignons kurz abbrausen oder mit einem feuchten Tuch abreiben, putzen und halbieren oder vierteln. Den Knoblauch und die Zwiebel schälen und fein hacken.

2 1 TL Öl in einem kleinen Topf erhitzen, Knoblauch- und Zwiebelwürfel darin leicht anbraten. Die Pilze anbraten, den Lauch dazugeben. Alles mit Salz und Pfeffer würzen und offen bei schwacher Hitze 10 Min. köcheln lassen. Gelegentlich rühren.

3 Den Tofu in dicke Scheiben schneiden. Das übrige Öl in einer Pfanne erhitzen. Den Tofu darin von beiden Seiten einige Minuten braten. Mit Salz und Pfeffer würzen.

4 Den Frischkäse unter das Gemüse rühren, dieses kurz kochen lassen und herzhaft abschmecken. Zusammen mit den Tofuschnitzeln anrichten, Petersilie aufstreuen.

Tofubällchen in Brokkolisahne

3 EL gemahlene Mandeln (15 g) | 2 EL
Mandelblättchen (20 g) | 200 g Tofu |
1 Eiweiß | Salz | schwarzer Pfeffer aus der
Mühle | 1 TL gemahlener Kreuzkümmel |
ca. 750 ml kräftige Gemüsebrühe | 500 g
Brokkoli | 2 EL Schmand

Für 2 Personen | ⏲ 45 Min. Zubereitung
Pro Portion 320 kcal, 26 g EW, 21 g F, 7 g KH

1 Nacheinander die gemahlenen Mandeln
und die Mandelblättchen in einer kleinen
beschichteten Pfanne ohne Fettzugabe
goldbraun rösten, getrennt beiseitestellen.

2 Den Tofu gut abtropfen lassen und
zusammen mit dem Eiweiß, Salz, Pfeffer,
Kreuzkümmel und den gemahlenen Mandeln pürieren. Gut durchkneten und zu etwa
walnussgroßen Kugeln formen. Ca. 500 ml
Gemüsebrühe in einem Topf zum Kochen
bringen, die Hitze reduzieren. Die Tofubällchen hineinlegen und bei schwacher Hitze
in 10–12 Min. gar ziehen lassen.

3 Inzwischen den Brokkoli waschen und
putzen, in Röschen zerteilen, die Stiele
schälen und klein schneiden. Zusammen
mit der restlichen Brühe in einem Topf aufkochen und zugedeckt ca. 6 Min. garen.

4 Die Hälfte der Brokkoliröschen mit einer
Schaumkelle aus dem Sud nehmen, den
übrigen Brokkoli pürieren. Den Schmand
einrühren und aufkochen, mit Salz und Pfeffer abschmecken. Eventuell noch etwas Sud
vom Garen der Tofuklößchen untermischen,
bis eine cremige Sauce entstanden ist.

5 Die Brokkolisahne auf zwei Teller geben
und die Brokkoliröschen dazugeben. Die
Tofubällchen abtropfen lassen und ebenfalls dazugeben. Die gerösteten Mandelblättchen darüberstreuen.

TIPP: Am besten zuerst ein Probe-Tofubällchen
formen und in die Brühe geben. Hält es nicht
zusammen, noch ein wenig gemahlene Mandeln
unterkneten.

Tofu-Paprika-Grillteller

250 g Tofu | 2 EL helle Sojasauce | 2 EL
Weinessig | 2 EL Zitronensaft | schwarzer
Pfeffer aus der Mühle | 2 bunte Paprika-
schoten | 1 Zucchino | 1 kleine Gemüse-
zwiebel | 2 EL Öl | Salz | rosenscharfes
Paprikapulver | 10 Zweige Zitronenthymian

Außerdem: Tischgrill oder Grillpfanne,
Backpinsel

Für 2 Personen | ⊚ 30 Min. Zubereitung +
2 Std. Marinieren
Pro Portion 319 kcal, 23 g EW, 19 g F, 12 g KH

1 Den Tofu in 1 cm dicke Scheiben schneiden. Aus Sojasauce, Weinessig, Zitronensaft und Pfeffer eine Marinade anrühren.
Die Tofuscheiben darin wenden und 2 Std.
ziehen lassen.

2 Die Paprikaschoten waschen und hal-
bieren, von Stielansätzen, Kernen und
Scheidewänden befreien und in breite
Streifen schneiden.

3 Den Zucchino waschen, putzen und
längs in 1 cm dicke Scheiben schneiden.
Die Gemüsezwiebel schälen und in Spalten
schneiden.

4 Das Öl mit Salz, Pfeffer und Paprikapulver verrühren und mit einem Backpinsel
darin bereitstellen.

5 Einen Tischgrill aufheizen. Alternativ die
Grillpfanne erhitzen. Den Tofu abtropfen
lassen, zusammen mit dem Gemüse rundherum ca. 10 Min. grillen. Dabei das Gemüse zwischendurch mit dem gewürzten Öl
und den Tofu mit der Marinade einpinseln.

6 Den Thymian waschen und trocken tupfen, die Blättchen abzupfen und zum Servieren über die anderen Zutaten streuen.

Rosenkohl-Seitan-Spieße in Pfefferrahm

500 g Rosenkohl | Salz | 200 g Seitan (Reformhaus oder Bioladen) | 125 g Schalotten | 2 EL Butter | 200 ml Gemüsebrühe | 1 EL rosa Pfefferkörner | 1 EL Schmand | schwarzer Pfeffer aus der Mühle

Außerdem: Holz- oder Metallspieße

Für 2 Personen | ⓘ 45 Min. Zubereitung
Pro Portion 389 kcal, 31 g EW, 22 g F, 16 g KH

1 Den Rosenkohl waschen und putzen, die Strunkenden abschneiden, äußere Blättchen dabei entfernen. Die Strünke über Kreuz leicht einschneiden. Den Rosenkohl zugedeckt in wenig Salzwasser 5 Min. vorgaren, dann gut abtropfen lassen.

2 Seitan in Stücke schneiden, die ungefähr so groß sind wie die Rosenkohlröschen. Abwechselnd mit dem Kohl auf Spieße reihen.

3 Die Schalotten schälen und in einzelne Zwiebelchen teilen, eventuell auch etwas kleiner schneiden. Die Butter in einer breiten beschichteten Pfanne aufschäumen. Spieße und die Schalotten hineingeben und rundherum leicht anbraten.

4 Die Brühe angießen, die rosa Pfefferkörner einrühren. Aufkochen, dann zugedeckt bei schwacher Hitze 10 Min. köcheln lassen.

5 Die Spieße aus der Pfanne nehmen und zugedeckt warm stellen. Den Bratensud offen bei starker Hitze etwas einkochen lassen, dann den Schmand einrühren. Mit Salz und schwarzem Pfeffer abschmecken, zu den Spießen servieren.

Seitan-Geschnetzeltes mit Pfifferlingen

200 g Seitan (Reformhaus oder Bioladen) | 250 g kleine Champignons | 250 g Pfifferlinge | 2 rote Zwiebeln | 1 EL Öl | 2 EL edelsüßes Paprikapulver | 175 ml Gemüsebrühe | 2 EL Schmand | Salz | schwarzer Pfeffer aus der Mühle | 6 Radieschen | 100 g Feldsalat | 100 g Joghurt (1,5 % Fett) | 2 EL Apfel- oder Weinessig | 1 TL mittelscharfer Senf

Für 2 Personen | ⓘ 30 Min. Zubereitung
Pro Portion 359 kcal, 30 g EW, 20 g F, 15 g KH

1 Seitan abtropfen lassen und schnetzeln. Die Champignons und die Pfifferlinge kurz abspülen, putzen und gründlich trocken tupfen. Kleine Exemplare ganz lassen, größere zerschneiden. Die Zwiebeln schälen und halbieren, in Scheiben schneiden.

2 Das Öl in einer breiten beschichteten Pfanne erhitzen, Zwiebeln und Pilze darin unter Rühren anbraten. Seitan mit anbraten.

3 Das Paprikapulver über die angebratenen Zutaten streuen und kurz anschwitzen, mit der Gemüsebrühe ablöschen. Bei starker Hitze ein wenig einkochen lassen. Schmand unter die übrigen Zutaten rühren, alles mit Salz und Pfeffer abschmecken.

4 Inzwischen die Radieschen waschen, putzen und vierteln oder in Scheiben schneiden. Den Feldsalat waschen und gut trocken schütteln. Putzen und eventuell zerrupfen. Joghurt mit Essig, Senf, Salz und Pfeffer verrühren. Feldsalat und Radieschen zusammen anrichten, Dressing darüberträufeln. Zu dem Geschnetzelten servieren.

Tempeh-Sticks mit Currygemüse

250 g Blumenkohl | Salz | 1 Bund Frühlingszwiebeln | 1 keines Stück frischer Ingwer (1–2 cm) | 1 kleine rote Chilischote | 200 g Tempeh (Reformhaus, Bioladen oder Asienshop) | 2 EL Öl | 1 EL Currypulver | 125 ml Gemüsebrühe | 2 EL Sojasauce | einige Blättchen Koriandergrün (oder 2 EL Schnittlauchröllchen)

Für 2 Personen | ⊚ 25 Min. Zubereitung
Pro Portion 336 kcal, 24 g EW, 23 g F, 9 g KH

1 Den Blumenkohl waschen, putzen und in kleine Röschen teilen. Zugedeckt in wenig Salzwasser ca. 4 Min. dünsten, dann in einem Sieb gut abtropfen lassen.

2 Frühlingszwiebeln waschen und putzen, die weißen Teile vierteln, das zarte Grün in dünne, schräge Scheiben schneiden. Ingwer schälen, Chilischote waschen, putzen und entkernen, beides fein hacken. Tempeh in dicke lange Streifen schneiden.

3 Ingwer und Chili in 1 EL heißem Öl anbraten. Mit dem Currypulver bestäuben und auch dieses leicht mit anbraten, dann den Blumenkohl und die Frühlingszwiebeln einrühren. Die Brühe angießen und das Gemüse 4–5 Min. bei mittlerer Hitze garen.

4 Inzwischen das übrige Öl in einer zweiten Pfanne erhitzen. Tempeh-Sticks darin rundherum bei starker Hitze in 2–4 Min. knusprig braten. Das Gemüse mit Sojasauce abschmecken, zusammen mit den Tempeh-Sticks anrichten. Koriandergrün waschen und trocken tupfen, auf das Curry streuen.

Gratinierte Seitan-Steaks mit Salat

1 Knoblauchzehe | 3 EL Olivenöl | Salz | schwarzer Pfeffer aus der Mühle | 200 g Seitan (Reformhaus oder Bioladen) | 1–2 Tomaten | 50 g Taleggiokäse (oder Emmentaler) | 1 Bund Rucola | 1 Bund Basilikum | 4 EL Aceto balsamico | 2 EL kräftige Gemüsebrühe

Für 2 Personen | ⊚ 40 Min. Zubereitung
Pro Portion 409 kcal, 30 g EW, 26 g F, 12 g KH

1 Knoblauch schälen und zerdrücken, mit 1 EL Olivenöl, Salz und Pfeffer verquirlen. Seitan abtropfen lassen und in dicke Scheiben schneiden. Im gewürzten Öl wenden.

2 Den Backofen auf 200° (Umluft 180°) vorheizen. Die Tomaten waschen, trocken tupfen und ohne die Stielansätze in Scheiben schneiden. Den Käse in dünne Scheiben schneiden oder raspeln.

3 Eine beschichtete Pfanne erhitzen, die Seitan-Steaks darin von beiden Seiten anbraten. In eine Gratinform legen, die Tomatenscheiben und dann die Käsescheiben darauflegen. Im vorgeheizten Ofen (Mitte) 10–15 Min. überbacken.

4 Inzwischen für den Salat Rucola und Basilikum waschen, trocken schütteln und verlesen, grobe Stiele entfernen. Das übrige Olivenöl mit Aceto balsamico, Gemüsebrühe, Salz und Pfeffer abschmecken. Rucola und Basilikum darin wenden.

5 Überbackene Seitan-Steaks zusammen mit dem Salat anrichten und genießen.

Sandwichtoast »Athen«

4 Zweige Oregano | 40 g grüne Oliven (ohne Stein) | 1–2 feste Tomaten | 50 g Salatgurke | 60 g Fetakäse | Salz | schwarzer Pfeffer aus der Mühle | 2 EL Ajvar (aus dem Glas) | 2 EL Schafsmilchjoghurt | 4 Scheiben Eiweiß-Abendbrot (je ca. 30 g) | einige Blätter Eisbergsalat | 200 g fettarme Dickmilch

Außerdem: Sandwichtoaster

Für 2 Personen | ⊘ 20 Min. Zubereitung
Pro Portion 338 kcal, 22 g EW, 19 g F, 13 g KH

1 Den Oregano waschen und trocken tupfen, die Blättchen abzupfen. Die Oliven in Scheiben schneiden.

2 Die Tomaten waschen und trocken tupfen. Entkernen, von den Stielansätzen befreien und in feine Streifen schneiden. Die Salatgurke schälen und in Scheiben oder Streifen schneiden. Den Fetakäse zerbröckeln. Alle vorbereiteten Zutaten mischen und mit Salz und Pfeffer würzen.

3 Ajvar mit dem Schafsmilchjoghurt verrühren und die Brotscheiben damit bestreichen. Die vorbereiteten Zutaten auf zwei der Brotscheiben verteilen, die anderen Brotscheiben mit der bestrichenen Seite nach unten darauflegen. Andrücken und in einem Sandwichtoaster goldbraun backen.

4 Den Eisbergsalat waschen, trocken schütteln und in Streifen schneiden, auf Teller verteilen. Dickmilch mit Salz und Pfeffer abschmecken und darübergeben. Die Sandwichtoasts halbieren und daraufsetzen.

TIPP: Die Toasts gelingen am besten, wenn Sie sie mit einem in einer Kastenform selbst gebackenen Eiweiß-Abendbrot zubereiten. Backmischungen dafür bekommen Sie im Internet (Bezugsquellen Seite 141).

Eiweiß-Abendbrot mit Paprika-Tatar

½–1 rote Paprikaschote | 1/2–1 grüne Paprikaschote | 2 geröstete marinierte Paprika (aus dem Glas) | 1 Frühlingszwiebel | 125 g leichter Frischkäse (12 % Fett) | Salz | schwarzer Pfeffer aus der Mühle | 4 Salatblätter (z. B. Lollo bianco) | 4 Scheiben Eiweiß-Abendbrot (je ca. 35 g) | 2 TL aromatisches Olivenöl | 2 TL aromatischer Aceto balsamico

Für 2 Personen | ⊕ 15 Min. Zubereitung
Pro Portion 357 kcal, 26 g EW, 20 g F, 17 g KH

1 Die frischen Paprikaschoten waschen und putzen, Kerne und Stielansätze entfernen und ganz fein würfeln. Eingelegte Paprika ebenfalls klein würfeln.

2 Die Frühlingszwiebel waschen, putzen und trocken tupfen, wie die Paprika in kleine Würfel schneiden. Alles mischen. Mit dem größten Teil des Frischkäses verrühren und mit Salz und Pfeffer abschmecken.

3 Die Salatblätter waschen und trocken tupfen. Die Brotscheiben mit dem restlichen Frischkäse bestreichen und mit den Salatblättern belegen. Paprika-Tatar darauf verteilen.

4 Jeweils 1 TL Olivenöl und 1 TL Aceto balsamico daraufgeben.

TIPP: Vom Paprika-Tatar am besten gleich die doppelte Menge zubereiten und den Rest zugedeckt in einer Kunststoffbox in den Kühlschrank stellen. Am nächsten Tag als Lunchbox mit ins Büro nehmen. Besorgen Sie auf dem Weg ins Büro ein großes Baguettebrötchen, das Sie zusammen mit dem Tatar essen. Zudem können Sie eine große Banane und einen Becher Joghurt genießen, und auch ein kleines Stück Kuchen zum Kaffee ist noch erlaubt.

Gemüse-Toast

100 g leichter Frischkäse (12 % Fett) |
2 EL gemischte TK-Kräuter | 4 Scheiben
Eiweiß-Abendbrot (je ca. 35 g) | 40 g Salat-
gurke | 1–2 feste Tomaten | 4 Gewürz-
gurken | 4 EL kleine Kapern | Salz |
schwarzer Pfeffer aus der Mühle | edel-
süßes Paprikapulver | 4 kleine dünne
Käsescheiben (ca. 50 g)

Für 2 Personen | ⊚ 15 Min. Zubereitung
Pro Portion 349 kcal, 30 g EW, 21 g F, 9 g KH

1 Den Backofen auf 225° (Umluft 200°)
vorheizen. Den Frischkäse mit den Kräutern
verrühren, die Brotscheiben damit dick bestreichen. Auf ein Backblech legen.

2 Die Salatgurke und die Tomaten waschen
und trocken tupfen. Ebenso wie die Gewürzgurken in dünne Scheiben schneiden. Dekorativ auf die Brotscheiben legen. Die Kapern
aufstreuen, alles mit Salz, Pfeffer und etwas
Paprikapulver würzen.

3 Die Käsescheiben auf die Brote legen
und die Brote im vorgeheizten Ofen (Mitte)
ca. 5–7 Min. überbacken. Mit etwas Paprikapulver bestäuben.

VARIANTE: Für einen Chinatoast 300 g gemischtes
TK-Chinagemüse nach der Packungsbeschreibung
zubereiten, auf die Brote geben und überbacken.

Spinat-Toast

1 Zwiebel | 1 EL Olivenöl | 1 Knoblauch-
zehe | 300 g TK-Blattspinat | 2 eingelegte
rote Peperoni (aus dem Glas) | Salz |
schwarzer Pfeffer aus der Mühle | frisch
geriebene Muskatnuss | 4 Scheiben Eiweiß-
Abendbrot (je ca. 35 g) | 50 g geriebener
Käse | 4 EL Mandelblättchen |

Für 2 Personen | ⊚ 25 Min. Zubereitung
Pro Portion 376 kcal, 31 g EW, 24 g F, 8 g KH

1 Den Backofen auf 225° (Umluft 200°)
vorheizen. Die Zwiebel schälen und klein
würfeln, im Olivenöl in einem Topf leicht
anbraten. Den Knoblauch schälen und dazupressen. Den Spinat dazugeben und unter
häufigem Rühren erst auftauen, dann aufkochen lassen.

2 Die Peperoni fein schneiden und mit dem
Spinat mischen. Mit Salz, Pfeffer und Muskat abschmecken.

3 Die Brotscheiben auf ein Backblech
legen und von beiden Seiten im Ofen toasten. Spinat darauf verteilen. Käse und Mandeln aufstreuen und alles im Ofen (Mitte)
5–7 Min. überbacken.

Käsetoast
mit Gemüsetopf

400 g gemischtes Gemüse (z. B. Zucchini, Lauch, Paprika, Weißkohl) | 1 große Gemüsezwiebel | 1 TL Öl | 1 Knoblauchzehe | 400 ml Gemüsebrühe | 4 Scheiben Eiweiß-Abendbrot (je ca. 30 g) | 4 entsteinte Oliven | 60 g geriebener Käse (z. B. Emmentaler) | 1 Bund glatte Petersilie | Salz | schwarzer Pfeffer aus der Mühle

Für 2 Personen | ⏲ 30 Min. Zubereitung
Pro Portion 377 kcal, 33 g EW, 22 g F, 11 g KH

1 Das Gemüse waschen und putzen. In Scheiben oder mundgerechte Würfel schneiden. Die Gemüsezwiebel schälen und in feine Würfel schneiden. Das Öl in einem Topf erhitzen, die Zwiebelwürfel darin glasig werden lassen. Den Knoblauch schälen und dazu pressen.

2 Backofen auf 225° (Umluft 200°) vorheizen. Ein Backblech mit Alufolie belegen.

3 Das Gemüse zu den Zwiebelwürfeln geben und unter Rühren kurz anschwitzen, dann alles mit der Gemüsebrühe ablöschen. Aufkochen und zugedeckt bei schwacher Hitze 10–15 Min. köcheln lassen.

4 Die Brotscheiben auf das Blech setzen. Die Oliven in dünne Scheiben schneiden oder hacken und darauf verteilen. Den Käse aufstreuen und die Toasts im vorgeheizten Ofen (Mitte) 5–7 Min. überbacken.

5 Die Petersilie waschen und trocken tupfen, die Blättchen abzupfen und fein hacken. Zum Gemüse geben, alles mit Salz und Pfeffer abschmecken und auf tiefe Teller füllen. Die Toasts dazu genießen.

SO WIRD'S EIN MITTAGESSEN: Garen Sie in einem separaten Topf etwa 150 g Reis oder kleine Nudeln und mischen Sie diese zum Servieren unter das Gemüse. Gießen Sie noch etwas mehr Brühe an, damit der Eintopf nicht zu dick wird. Zusätzlich dürfen Sie dann einen Obstbecher genießen.

Eiweiß-Abendbrot à la Pizza

3 EL Tomatenmark | 2 EL Olivenöl |
2 EL getrockneter Thymian | Salz | schwar-
zer Pfeffer aus der Mühle | 4 Scheiben
Eiweiß-Abendbrot (je ca. 30 g) | 1–2 Toma-
ten | 1 kleine Zwiebel | 40 g entsteinte
Oliven | 125 g fettarmer Mozzarella

Für 2 Personen | ⊙ 15 Min. Zubereitung
Pro Portion 406 kcal, 32 g EW, 26 g F, 10 g KH

1   Den Backofen auf 225° (Umluft 200°) vor-
heizen. Das Tomatenmark mit dem Olivenöl,
Thymian, Salz und Pfeffer verrühren. Die
Brotscheiben damit bestreichen und auf ein
Backblech legen.

2   Die Tomaten waschen, trocken tupfen,
von den Stielansätzen befreien und in
Scheiben schneiden. Die Zwiebel schälen,
in dünne Scheiben schneiden und in einzelne Ringe teilen. Die Oliven vierteln. Alles auf
die Brotscheiben legen.

3   Den Mozzarella in Scheiben schneiden
oder würfeln und auf die »Pizzen« geben.
Diese im heißen Ofen (Mitte) ca. 5–7 Min.
überbacken.

TIPP: Jeder Ihrer Pizza-Lieblinge lässt sich mit
dem eiweißreichen Brot blitzschnell auf den Tisch
bringen. Ob Champignons und andere Pilze,
Streifen von eingelegter Paprika, Rucola, Spinat,
Ricotta, Brokkoli, Artischocken oder Fenchel – die
Vielfalt ist groß. Auch beim Käse bieten sich immer
andere Möglichkeiten. Achten Sie nur darauf, nicht
zu viel Öl und Käse zu verwenden, ansonsten wird
der Fettgehalt zu hoch.

Pilz-Sandwich

2 Schalotten | 6 Zweige Petersilie |
4 Kräuterseitlinge (ersatzweise ca. 250 g
große Champignons) | 4 Blätter Eichblatt-
salat | 2 EL Olivenöl | Salz | schwarzer
Pfeffer aus der Mühle | 4 Scheiben Eiweiß-
Abendbrot (je ca. 30 g) | 40 g würziger Hart-
käse

Für 2 Personen | ⊚ 20 Min. Zubereitung
Pro Portion 370 kcal, 28 g EW, 25 g F, 8 g KH

1 Die Schalotten schälen und fein würfeln.
Petersilie waschen und trocken tupfen, die
Blättchen abzupfen und hacken. Die Pilze
abreiben, putzen und in Scheiben schneiden. Den Eichblattsalat waschen, putzen
und trocken tupfen, die Blätter etwas kleiner schneiden.

2 Eine beschichtete Pfanne erhitzen. Die
Pilze nach und nach ca. 2 Min. braten, dabei
nach dem ersten Anbraten jeweils einige
Tropfen Olivenöl in die Pfanne geben und
die Pilze salzen und pfeffern.

3 Wenn alle Pilze angebraten sind, die
Schalotten in der Pfanne leicht mit anbra-
ten. Alle Pilze mit Schalottenwürfeln und
Petersilie mischen.

4 Die Brotscheiben eventuell toasten, die
vorbereiteten Zutaten darauf verteilen. Den
Käse darüberhobeln.

Bruschetta

250 g Rucola | 20 g Pinienkerne | 80 g fett-
armer Mozzarella | 3–4 feste Tomaten |
100 g Schalotten | Salz | schwarzer Pfeffer
aus der Mühle | 2 EL Olivenöl | 4 Scheiben
Eiweiß-Abendbrot (je ca. 30 g) | 2 Knob-
lauchzehen

Für 2 Personen | ⊚ 15 Min. Zubereitung
Pro Portion 373 kcal, 30 g EW, 23 g F, 12 g KH

1 Den Rucola waschen, putzen und trocken
tupfen. Die Pinienkerne in einer kleinen
Pfanne goldbraun rösten. Den Mozzarella in
kleine Würfel schneiden.

2 Die Tomaten waschen und die Stielansätze herausschneiden. Die Tomaten vierteln
und entkernen, dann in feine Würfel schneiden. Die Schalotten schälen und ebenfalls
fein würfeln. Beides mit Salz, Pfeffer und
dem Olivenöl mischen.

3 Die Brotscheiben im Toaster oder im
Backofen rösten. Knoblauch schälen, die
Brotscheiben damit einreiben.

4 Die vorbereiteten Zutaten auf den Brotscheiben verteilen und servieren.

Rezeptregister

Hier finden Sie alle Rezepte in alphabethischer Reihenfolge. Beginnt der Rezeptname mit einem Adjektiv wie »Weißes« oder »Gedämpfter«, sind diese hier im Register hintenangestellt (»Austernpilze, Gebratene, mit Pinienkernen«). Damit Sie sofort sehen, ob es sich um ein Frühstücks-, Mittags- oder Abendrezept handelt, haben wir die Rezepte mit den jeweiligen Buchstaben (F = Frühstück, M = Mittag, A = Abend) in Klammern gekennzeichnet.

Sachregister

Bücher

zum Thema »Vegetarische Ernährung«

- **Anständig essen. Ein Selbstversuch.**
  Duve, K.; Caliari Berlin 2010

- **Tiere essen.**
  Safran, J ; Kiepenheuer & Witsch 2010

- **Peace-Food**
  Ruediger Dahlke, Grafe und Unzer 2011

- **Food Revolution.**
  Robbins, J.; Nietsch 2003

Weitere Bücher zum Thema »Schlank im Schlaf« aus dem GRÄFE UND UNZER VERLAG

- **Schlank im Schlaf. Die revolutionäre Formel: So nutzen Sie Ihre Bio-Uhr zum Abnehmen.**
  Pape, Dr. D., Schwarz, R., Trunz-Carlisi, E., Gillessen, H.

- **Schlank im Schlaf – Das Kochbuch.**
  Pape, Dr. D., Schwarz, R., Trunz-Carlisi, E., Gillessen, H., Heßmann, G.

- **Schlank im Schlaf – Der 4-Wochen-Power-Plan.**
  Pape, Dr. D., Schwarz, R., Trunz-Carlisi, E., Gillessen, H.

- **Schlank im Schlaf für Berufstätige.**
  Pape, Dr. D., Schwarz, R., Trunz-Carlisi, E., Gillessen, H.

- **Schlank im Schlaf – 20-Minuten-Küche.**
  Pape, Dr. D., et al.

- **Lafer nimmt ab.**
  Lafer, J., Pape, Dr. D.

- **Die Hormonformel. Wie Frauen wirklich abnehmen.**
  Pape, Dr. D., Cavelius A., Quadbeck B.

Adressen

- **Ernährungsmedizin und Adipositas-Konzept**
  Dr. med. Detlef Pape
  Zweigertstraße 37–41, 45130 Essen
  Tel. 02 01/7 49 55 77

- **InsuLean GmbH & Co KG**
  Ernährungsmedizin und Adipositas-Konzept
  Goethestraße 100, 45130 Essen
  Tel. 02 01/7 49 55 77, Fax 02 01/7 49 55 93
  www.insulean.de

Schlank-im-Schlaf-Diätprodukte wie Eiweißbrot, Eiweißriegel, Eiweißshakes und mehr:

- www.schlank-im-schlaf-shop.de

Bäckereien, die Eiweißbrot backen

- www.eiweiss-abendbrot.de

Der Schlank-im-Schlaf-Coach
Lassen Sie sich von Dr. Pape persönlich begleiten!

Mit dem Schlank-im-Schlaf-Coach steht Ihnen der Erfolgsafutor online mit Rat und Unterstützung zur Seite.
www.schlank-im-schlaf-coach.de

Das bietet der Online-Coach:
- Dr. Pape erklärt in kurzen **Videos** alle wichtigen Aspekte des Schlank-im-Schlaf-Prinzips und unterstützt Sie im Verlauf Ihrer Mitgliedschaft mit vielen motivierenden Tipps.
- Jeden Tag schlägt er leckere und aktuelle **Rezepte** für morgens, mittags und abends vor – natürlich nach dem Prinzip der Insulin-Trennkost.
- Zum Nachlesen steht Ihnen Dr. Papes umfangreiches **Magazin aus Tipps und Informationen** zur Verfügung.
- Individuelle Bilanzen und die grafische **Gewichtskurve** zeigen Ihnen jederzeit, wo Sie stehen.

Exklusiv für die Leser dieses Buchs: die 14-Tage-Gratis-Mitgliedschaft
Einfach unter www.schlank-im-schlaf-coach.de anmelden und den Gutscheincode **REZVEG12** eingeben.

Impressum

© 2012 GRÄFE UND UNZER VERLAG GmbH, München.
Alle Rechte vorbehalten. Nachdruck, auch auszugsweise, sowie Verbreitung durch Film, Funk, Fernsehen und Internet, durch fotomechanische Wiedergabe, Tonträger und Datenverarbeitungssysteme jeder Art nur mit schriftlicher Genehmigung des Verlages.

Projektleitung: Birgit Rademacker
Lektorat: Claudia Lenz, Gudrun Mach
Korrektorat: Mischa Gallé
Layout und Umschlag: independent Medien-Design, Horst Moser, München
Herstellung: Christine Mahnecke
Satz: Uhl + Massopust GmbH, Aalen
Repro: Repro Ludwig, Zell am See
Druck: Firmengruppe Appl, aprinta, Wemding
Bindung: Firmengruppe Appl, sellier, Freising

ISBN 978-3-8338-2197-4

2. Auflage 2012

Die GU-Homepage finden Sie im Internet unter www.gu.de

Umwelthinweis
Dieses Buch ist auf PEFC-zertifiziertem Papier aus nachhaltiger Waldwirtschaft gedruckt.

Die Fotografinnen

Ulrike Schmid und **Sabine Mader** arbeiten seit Jahren als eingespieltes Team in ihrem Fotostudio **Fotos mit Geschmack**. Inspiration finden sie auf ihren Reisen, immer auf der Suche nach ausgefallenen Requisiten. Unterstützt wurden sie für dieses Buch von Margit Proebst (Foodstyling).

Bildnachweis

Fotos:
Titelfoto: Fotos mit Geschmack
Seite 12: Bärbel Büchner
Klappe vorn innen, Seite 21, Klappe hinten innen: Klaus-Maria Einwanger
Seite 49: Jörn Rynio
Außenklappe hinten: oben Christian Hoeder, die anderen Porträts privat
Alle anderen Fotos: Fotos mit Geschmack

Illustrationen:
Frank Geister/medicalpicture: Seite 10
independent Medien-Design: Seite 20
Ingrid Schobel: Seite 8, 9

Syndication:
www.jalag-syndication.de

Wichtiger Hinweis

Die Gedanken, Methoden und Anregungen in diesem Buch wurden nach bestem Wissen erstellt und mit größtmöglicher Sorgfalt überprüft. Sie bieten jedoch keinen Ersatz für kompetenten individuellen medizinischen Rat. Jede Leserin, jeder Leser sollte für das eigene Tun und Lassen weiterhin selbst verantwortlich sein. Weder Autoren noch Verlag können für eventuelle Nachteile oder Schäden, die aus den im Buch gegebenen praktischen Hinweisen resultieren, eine Haftung übernehmen.

GRÄFE UND UNZER

Ein Unternehmen der
GANSKE VERLAGSGRUPPE

DAS ORIGINAL · GU · MIT GARANTIE

Unsere Garantie
Alle Informationen in diesem Ratgeber sind sorgfältig und gewissenhaft geprüft. Sollte dennoch einmal ein Fehler enthalten sein, schicken Sie uns das Buch mit dem entsprechenden Hinweis an unseren Leserservice zurück. Wir tauschen Ihnen den GU-Ratgeber gegen einen anderen zum gleichen oder ähnlichen Thema um.

Liebe Leserin und lieber Leser,
wir freuen uns, dass Sie sich für ein GU-Buch entschieden haben. Mit Ihrem Kauf setzen Sie auf die Qualität, Kompetenz und Aktualität unserer Ratgeber. Dafür sagen wir Danke! Wir wollen als führender Ratgeberverlag noch besser werden. Daher ist uns Ihre Meinung wichtig. Bitte senden Sie uns Ihre Anregungen, Ihre Kritik oder Ihr Lob zu unseren Büchern. Haben Sie Fragen oder benötigen Sie weiteren Rat zum Thema? Wir freuen uns auf Ihre Nachricht!

Wir sind für Sie da!
Montag–Donnerstag:
8.00–18.00 Uhr;
Freitag: 8.00–16.00 Uhr
Tel.: 0180-5 00 50 54* *(0,14 €/Min. aus dem dt. Festnetz/
Fax: 0180-5 01 20 54* Mobilfunkpreise maximal 0,42 €/Min.)
E-Mail:
leserservice@graefe-und-unzer.de

PS: Wollen Sie noch mehr Aktuelles von GU wissen, dann abonnieren Sie doch unseren kostenlosen GU-Online-Newsletter und/oder unsere kostenlosen Kundenmagazine.

GRÄFE UND UNZER VERLAG
Leserservice
Postfach 86 03 13
81630 München

Saisonkalender

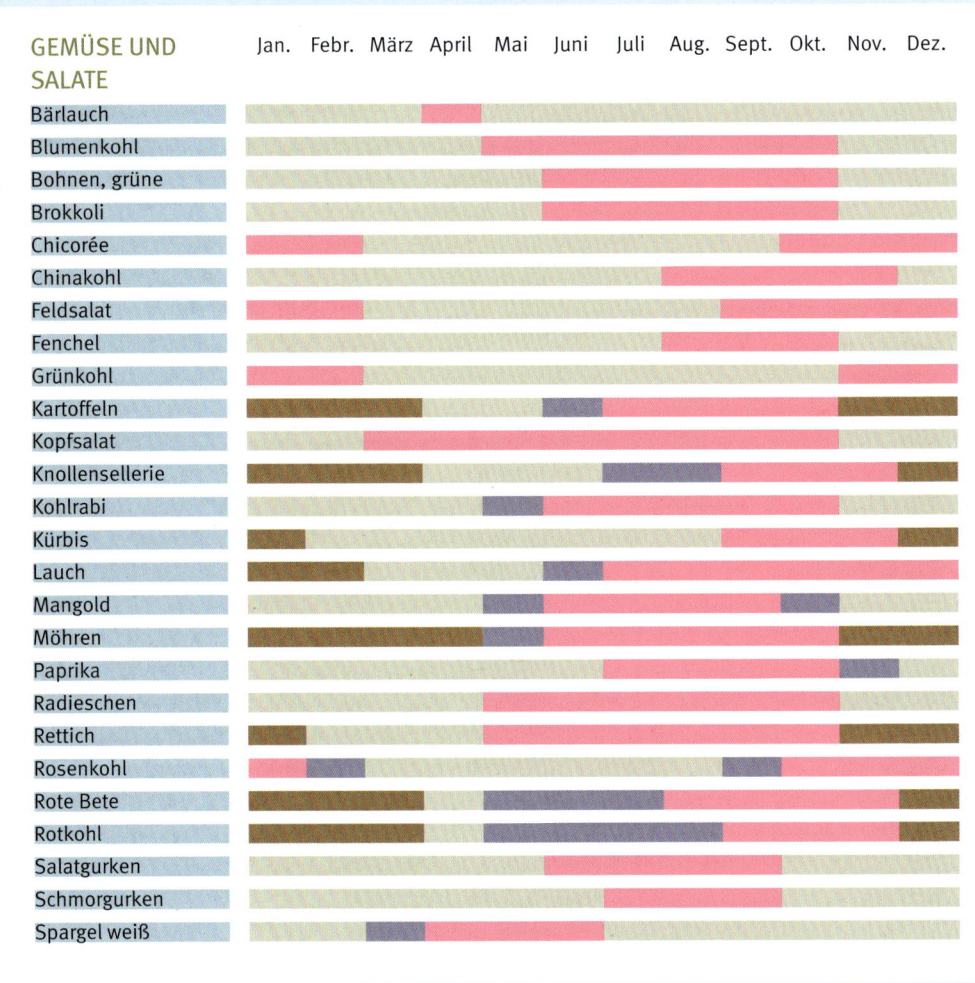

GEMÜSE UND SALATE	Jan.	Febr.	März	April	Mai	Juni	Juli	Aug.	Sept.	Okt.	Nov.	Dez.
Bärlauch												
Blumenkohl												
Bohnen, grüne												
Brokkoli												
Chicorée												
Chinakohl												
Feldsalat												
Fenchel												
Grünkohl												
Kartoffeln												
Kopfsalat												
Knollensellerie												
Kohlrabi												
Kürbis												
Lauch												
Mangold												
Möhren												
Paprika												
Radieschen												
Rettich												
Rosenkohl												
Rote Bete												
Rotkohl												
Salatgurken												
Schmorgurken												
Spargel weiß												